W0071149

ullstein

Das Buch

»Das Einzige, was mein Mann in den letzten Wochen liebevoll gestreichelt hat, ist sein iPad, welches von mir daraufhin den Namen iBetty verpasst bekam. Wer braucht schon einen Busen, wenn er einen Apple auf
dem Schoß liegen hat? Und wenn's nicht die Technik ist, dann der Stress
im Büro, das schreiende Kind oder einfach nur der gute Film im Fernsehen. Letzteres ist meist meine Ausrede, um dem ehelichen Vollzug aus
dem Weg zu gehen. Dabei liebe ich meinen Mann – und er mich. Wir können über alles reden. Ja, auch über Sex, beziehungsweise unseren Nicht-
Sex. Der belastet uns nämlich schon. Vor allem, wenn zwischen dem letzten Mal und jetzt gefühlt drei Jahreszeiten ins Land gezogen sind ...«
Zu zweit im Bett und nichts geht mehr? *Schatz, wir haben einen Termin* erzählt von einem Paar, das die Sache mit der Lust noch nicht aufgegeben
hat und sich auf einen Selbsterfahrungstrip begibt, bei dem Kaninchenfell,
Herz-Chakra und Therapeutencouch eine nicht unwesentliche Rolle spielen ... Eine spannende und amüsante Reise auf der Suche nach der verlo-
renen Lust.

Die Autorin

Anja Bogner, 35, ist Drehbuchautorin, Mutter und Emotionsbolzen. Sie
neigt zu kleinkindartigen Wutattacken, ist aber sonst eher von einem
fröhlichen, positiven und vor allem neugierigen Naturell. Dem Thema
Sex steht die Erzählerin seit jeher zwiespältig gegenüber.

Anja Bogner

Schatz, wir haben einen Termin

Was man so alles tut, um es mal wieder zu tun

Ullstein

Besuchen Sie uns im Internet:
www.ullstein-taschenbuch.de

Die Originalausgabe erschien 2012
bei ullstein extra unter folgendem Titel:
Anja Stiffel: Ehehygiene – Was man so alles tut,
um es mal wieder zu tun

Ungekürzte Ausgabe im Ullstein Taschenbuch
1. Auflage Januar 2014
© Ullstein Buchverlage GmbH, Berlin 2012/ullstein extra
Umschlaggestaltung: semper smile Werbeagentur, München
Titelabbildung: © Shutterstock/Janos Levente (Hase); LittleRambo (Rahmen)
Satz: Pinkuin Satz und Datentechnik, Berlin
Gesetzt aus der Granjon
Papier: Pamo Super von Arctic Paper Mochenwangen GmbH
Druck und Bindearbeiten: CPI books GmbH, Leck
Printed in Germany
ISBN 978-3-548-37528-1

Für Samuel und alle, die an die Liebe glauben

Inhalt

PROLOG

Am Anfang war das Nichts

Ächz. Stöhn. Rumpeldipumpel.

»Ich ruf dich zurück, wir sind gerade noch beschäftigt.« Meine Mutter stöhnt ins Telefon wie eine altersschwache Lokomotive. »Mama, ist alles klar bei dir – du schnaufst so laut?«

Tüt. Tüt. Tüt. Das gibt's doch nicht. Sie hat einfach aufgelegt. Warum geht sie überhaupt ran, wenn sie keine Zeit hat? Ich weiß natürlich, dass sie aus großem Pflichtbewusstsein heraus immer rangeht, wenn eines ihrer flügge gewordenen Kinder anruft, und normalerweise kann sie dann auch nichts und niemand von einem Telefonat abhalten, aber heute anscheinend doch. Fassungslos und etwas beleidigt starre ich immer noch auf den Telefonhörer. Dann dämmert es mir. Meine tendenziell immer etwas überspannte, fast sechzigjährige Mutter hörte sich gerade eher nach beseelter Lust als nach widrigem Frust an. Kann das sein? Kann das wirklich sein? Hysterische Gedankenströme jagen durch mein Gehirn.

Meine Mutter. Sex. Meine Mutter. Sex. Mutter. Sex – Krise.

Klar weiß ich, dass auch Leute jenseits des zweiten Frühlings noch triebhaften Strömungen unterliegen. Schon meine achtzigjährige Großmutter hat immer zu mir gesagt: »Weißt du, mein Spätzchen, es geht langsam – aber es geht.« Ich bin also eigentlich, was dieses Thema betrifft, ziemlich offen eingestellt. Das, was meine Begeisterung für das muntere Treiben der älteren Generation mindert, ist eine einzige, dafür aber wirklich dramatische Tatsache: Ich habe verdammt noch mal KEINEN Sex mehr. Und somit mein Mann auch nicht – will ich jedenfalls schwer hoffen.

Im Zeitraffer laufen die letzten Monate an meinem geistigen Auge vorbei, und sosehr ich auch hoffnungsvoll in der Erinnerung grabe, mir mag einfach nicht einfallen, wann Jan und ich das letzte Mal übereinander hergefallen sind. Also entweder war ich dabei total angeschickert, oder aber es ist in diesem Jahr einfach noch nichts passiert. Hmpf – wir haben April. Da hilft kein Schönreden mehr. Zwischen dem letzten Mal und heute sind gefühlte tausend Monde vergangen.

Zumal ich Ende letzten Jahres – oder war es schon vor zwei Jahren? – aufgrund exorbitanter Kiloschübe panisch die Pille abgesetzt habe und wir auf Kondome zurückgreifen mussten. Allerdings kann Jan nicht mit den Kautschuk-Hängerchen und konnte dementsprechend auch nicht mit mir. Ich starre meinen Mann an, der neben mir auf der Couch sitzt und zufrieden sein neues iPad streichelt. Vor uns flimmert die Glotze. Es läuft »Bauer sucht Frau«, und tatsächlich sieht es so aus, als würde der reizende Rinderwirt Rudi heute auf dem

Scheunenfest einen Treffer landen. Außerdem liegen zwischen Jan und mir noch zwei iPhones, drei leere Packungen Schokolade sowie mein Laptop, das in den Werbepausen für diverse Ad-hoc-Shoppingerlebnisse herhalten muss. Alles in allem ein eher bedenkenswertes als wünschenswertes Szenario. Es stinkt nach ehelichem Kompensationsmüll.

»Jaaan?«

»Hm?«

»Meine Mutter hat Sex.«

»Hm.«

Mehr kommt nicht. Das ist eben mein Mann. Während ich mich stetig durchs Leben emotionalisiere und wie ein Pingpongball von oben nach unten und von rechts nach links sause, ist er stets gleichbleibend ruhig und auf Spur. Verlässlich, verantwortungsbewusst – einer von den Guten. Leider manchmal etwas gefühlsarm und uneuphorisch, was nicht nur mir, sondern auch seinen zahlreichen Mitarbeitern in seiner Firma auffällt. Aber gut, dafür ist er kein Blender, und vor allem haut es ihn weit weniger oft aufs Seelenfresschen als mich.

»Jaaan?«

»Hm?«

»Massierst du mich?«

»Nee.«

Arschloch. Hab ich natürlich nicht gesagt, sondern nur gedacht. Aber schon allein so über meinen Mann zu denken, gibt mir zu denken. Irgendwie bin ich momentan nicht wirklich in meiner Mitte. Ich hab alles, und doch fühlt es sich wie nichts an. Kann es wirklich daran liegen, dass wir beide bei einem Thema so völlig versagen?

Dabei sind Jan und ich doch eigentlich ein Bilderbuchehepaar: beide Mitte dreißig, er, der stets korrekte, Zahlen kombinierende Geschäftsführer einer Werbeagentur, ich die leicht ausgeflippte Kreativ-Texterin mit leichtem Hang zu großer Dramatik und noch größeren Worten. Eine wunderbare Mischung. Wir ergänzen uns prima.

Schon unsere gemeinsame Geschichte – ja, wir haben eine Geschichte – ist wunderbar. Er stolperte auf dem Oktoberfest stockbesoffen in meine Arme und schrie »Servus«, und ich, nicht minder trunken, schubste ihn von der Bank und schrie: »Hau ab!« Er blieb, biss sich zu »Wahnsinn, warum schickst du mich in die Hölle?« von Wolle Petry an meinem Ohr fest und ließ erst wieder locker, als ich ihm hoch und heilig versprach, mich zu melden. Normalerweise waren mir ja Männer, die offensichtlich was von mir wollten, ein Greuel. Ich war Jägerin und ließ mich nur ungern fangen. Aber Jan war irgendwie anders – er wollte mich, ließ aber seine Finger von mir. Wenig Geknutsche, keine großartige Nähe und erst Wochen nach der ersten absichtlichen Begegnung der erste Sex (von zarten Streicheleinheiten in intimeren Regionen als dem Gesicht mal abgesehen). Ich weiß es noch wie heute, als er mich bei unserem ersten richtigen Date mit den Worten verzauberte: »Weißt du, mir ist Sex nicht ganz so wichtig. Wir können uns da echt Zeit lassen – magst auch Snickers?«

Ein Mann, ein Wort – bis heute. Wahrscheinlich wäre jede andere Frau bei diesen Worten sofort davongerannt. Ich bin geblieben. Zum einen, weil ich ihn wahnsinnig süß fand, zum anderen weil er endlich mal keiner von diesen männlichen Egomanen war, mit denen ich es sonst so zu tun hatte. Keiner, der mich auf eine SMS fünf Tage warten ließ, nur von hinten konnte und mich aus dem Bett stieß, wenn Schlafenszeit war. Nein, Jan war einer für die Zukunft – das spürte ich sofort.

Und ich sollte recht behalten. Exakt ein Jahr nach unserem ersten Kennenlernen wurde ich schwanger (da soll mal einer sagen, das Oktoberfest lohnt sich nicht), und es wurde sofort, aber nicht deswegen geheiratet. Heute haben wir mit Paul einen phantastischen Sohn, leben in einer tollen Wohnung in einer tollen Gegend und verfügen über Jobs, die wir lieben, und Freunde, die uns als Paar mit und in unserem ganzen Drumherum bewundern. Wir sind charmante Gastgeber, talentierte Köche, sagenhafte Eltern – die heilige Familie. Stets gelassen und alles andere als streitsüchtig. Ja, eine Verbindung, die eigentlich das Wort Ewigkeit nicht zu scheuen bräuchte. Nur eines ist bei all dem Drumherum irgendwie völlig in Vergessenheit geraten – die Lust aufeinander.

Fakt ist: Jan und ich leben mittlerweile wie Hänsel und Gretel nebeneinander her. Halten Händchen wie Brüderchen und Schwesterchen und erzählen uns Märchen von längst vergangenen Zeiten. Von damals, als ich noch die verführerische Hexe war und er mir mit Vorliebe Feuer unterm Hintern machte. Seufz.

»Jan?«

»Hm?«

»Liebst du mich?«

Jan lächelt mich milde an, tätschelt mein Knie und checkt seine E-Mails, ich checke daraufhin, ob vom Chardonnay noch was da ist. Mittlerweile küsst Rammelrudi seine Sachsen-Braut, und mir rinnen ein paar stumme Tränen über das Gesicht. Normalerweise nicht weiter bemerkenswert – ich heule ja schon bei der Merci-Werbung, doch heute ist es anders, heute weine ich über uns.

Es wäre natürlich einfach zu sagen: Jan ist an allem schuld, aber ich muss ehrlich sein. Auch ich trage einen nicht unwesentlichen Teil zu unserem zölibatären Dasein bei. All das, was ich ihm insgeheim vorwerfe, trifft nämlich eigentlich auch auf mich zu. Begehren und Leidenschaft meinerseits – Fehlanzeige. Ich kann weder zulassen, noch kann ich mich einlassen, noch mach ich den ersten Schritt. Im Grunde gibt es nur einen Menschen, der momentan wirklich an mich rankommt, und das bin ich.

Eigenliebe (auch Masturbation genannt) ist aber auch was Herrliches. Man befriedigt in aller Seelenruhe und ohne Zeitdruck vor sich hin, niemand erwartet etwas von einem, und man kann selbst das Tempo bestimmen. Außerdem schmutzt es nicht, und großartige schauspielerische Fähigkeiten sind auch nicht gefragt. So unkompliziert und multipel kommt man selten zum Orgasmus.

Später im Bett, während Jan einkokoniert – dafür baut er aus seinem Bettzeug so eine Art Sarg – meilenweit von mir entfernt liegt, schicke ich mich daher an, mein wahnsinniges Fingerspitzengefühl mal wieder an mir selbst unter Beweis zu stellen. Der Erfolg lässt auch nicht lange auf sich warten. Die Reaktion leider auch nicht: »Was tust du da?«

Jan schaut mich leicht irritiert aus seinem Kissenwust heraus an. Zack verschwinde ich schamesrot unter der Decke.

Stille. Mein Herz pocht bis in die Schläfen hinein. Gott ist mir das alles peinlich. Erinnerungen an den einen Familienurlaub von vor gut zwanzig Jahren werden wach. Meine Cousine und ich beide gemeinsam in einem Zelt und gemeinsam auf einer Doppelluftmatratze. Mich überkommt das Feeling und meine Cousine aufgrund exorbitanter Campingbett-Schwingungen wenig später die Seekrankheit …

Ich sollte wirklich aufhören damit. Über zwei Jahrzehnte Selbstbefriedigung sind echt genug. »Schatz. Schaatz.« Jans Stimme dringt dumpf an meine heißen Ohren. Ich hmpfe zurück. Wieder Stille. Dann plötzlich spüre ich durch die Decke hindurch ein leichtes Vibrieren an der Oberfläche. Was ist das denn jetzt? Neugierig grabe ich mich aus meiner Dunkelkammer hervor. Jan erwartet mich mit einem breiten Grinsen.

»Warum nimmst denn nicht den Vibrator, den ich dir zum Geburtstag geschenkt habe?« Auffordernd streckt er mir die »Big Jelly«-Lustkeule entgegen. Das Ding steht jetzt seit einem Jahr auf meinem Nachtkästchen und kam bis dato noch nicht mal in die Nähe meiner sensiblen Genitalräume.

»Soll ich den jetzt ausprobieren?« Unsicher sehe ich Jan an.

»Wenn du magst.«

»Und du findest das gut?«

»Na ja, wenn du ihn hast, kannst du ihn doch auch benutzen.«

Irgendetwas an dieser Unterhaltung ist seltsam. Seltsam ernüchternd.

»Aber ich hätte so gerne, dass wir uns gegenseitig auch mal wieder benutzen.« Jetzt ist es raus.

»Echt, ist mir bis eben noch gar nicht aufgefallen, dass du das möchtest.«

Sieben Jahre sind wir jetzt schon zusammen, und noch

immer habe ich mich nicht an seinen Sarkasmus gewöhnt. Beleidigt wende ich mich von Jan ab und umarme stattdessen Karl, mein Stoffhündchen. Der kann wenigstens nicht abhauen. Ganz fest presse ich ihn an meine Brust. Wie vor vielen Jahren meine kleine weiße Maus, die ich zum sechsten Geburtstag geschenkt bekommen habe. Leider hat sie diesen Akt der vollkommenen Zuneigung nicht überlebt. Erdrückt von meiner Liebe, was für ein tragisches Schicksal eigentlich.

Während ich so vor mich hin sentimentalisiere, schüttelt Jan akribisch und voller Elan zum zweiten Mal an diesem Abend sein Kissen aus. Könnten Daunenfedern kotzen, dann hätten wir jetzt die Bescherung. Mich nervt es einfach nur.

»Jaaaan, bitte!« Ich hätte auch sagen können: »Hasso sitz«, genauso klingt es nämlich. Immerhin, es wirkt. Jan lässt sich neben mich auf die Matratze sinken und starrt nachdenklich in die Luft.

»Du, Schatz, ich glaube, es ist völlig normal, dass nach ein paar Jahren Ehe die Lust weniger wird. Das sagen doch eigentlich alle.«

Er versucht zu bagatellisieren – wahrscheinlich mit der guten Absicht, mich zu beschwichtigen. Nur eins muss ich ihm wohl noch erklären: den Unterschied zwischen wenig und gar nicht. Aber für heute bin ich einfach durch mit dem Thema. Doch kurz bevor mir die Augen zufallen, fällt es mir wieder ein:

Meine Mutter. Sex. Meine Mutter. Sex. Mutter. Sex. Jan und ich. Krise.

Lust-Reise

Die Macht der Gewohnheit
macht es gewöhnlich

Ist die Krise erst einmal da, dann geht sie auch nicht so schnell weg. Alles war mir zu viel – ich selbst inbegriffen. Ich fühlte mich abgrundtief hässlich, dauermüde und ungeliebt. Und egal wie viel Geld ich auch für Klamotten, Kosmetika und Friseurbesuche ausgab – der Blick in den Spiegel machte jegliche Hoffnung zunichte, dass sich das auch nur im Ansatz als lohnenswert erweisen würde. Dunkle Augenringe, strähniges Haar und Mundwinkel, die tendenziell nach unten hingen. Ich war scheiße drauf, sah scheiße aus und heulte zu allem Überfluss bei jeder Kleinigkeit wie ein beschissener Kojote los.

Auch jetzt schießen mir sofort die Tränen in die Augen, als die Zahnpasta ihr Ziel verfehlt und nicht wie geplant auf der Bürste, sondern direkt im Keramikbecken landet.

»Schatz, ist alles in Ordnung mit dir?« Besorgt sieht mich

Jan an. Er sitzt auf der Toilette, die Pyjamahose in den Kniekehlen. Sein Anblick macht mich wütend – überhaupt macht mich das alles wütend.

»Musst du ausgerechnet aufs Klo, wenn ich Zähne putze?«, schnauze ich ihn an.

»Hä?«, ist die einzige Antwort, die ich auf meine – in unserem Fall wirklich etwas seltsame – Frage zurückbekomme. Denn bis dato hat sich noch niemand von uns daran gestört, wenn der eine dabei war, sein Geschäft zu verrichten, während der andere sonst was im Badezimmer zu schaffen hatte. Wir können einander ertragen, egal in welcher Situation. Jan und ich sind ein gut eingespieltes Team. Aber vielleicht ist es ja genau das, was uns gegenseitig abtörnt. Dass es eben keinerlei Intimsphäre mehr zwischen uns gibt. Dass wir uns vielleicht besser kennen, als für die Erotik gut ist.

Vielleicht. Vielleicht. Vielleicht. Woher soll ich das eigentlich wissen? Ich möchte nur fast wetten, dass sich wenig Pärchen gegenseitig beim Hintern-Abputzen zusehen. Mal abgesehen von den Kleinkind-Verbindungen. Aber da gehört das entwicklungspsychologisch gesehen auch irgendwie zum guten Ton: »Guck mal, was mein Pipimann kann.«

Aber wir sind doch erwachsene Menschen. Mann und Frau. Und als solche will man das jeweils andere Geschlecht doch lieber in Aktion im Bett als auf der Brille erleben. Irgendwie stimmt doch hier alles hinten und vorne nicht mehr. Wo war sie nur hin, die Leidenschaft von früher? Gut, es war nie der Wahnsinnsritt, dafür sind wir einfach nicht die Typen – aber immerhin war es ein zartes Pflänzchen, das wir regelmäßig gegossen haben.

Erschöpft lasse ich mich auf den Badewannenrand sinken

und beobachte Jan, wie er putzt, wie er spült, wie er sich die Hände wäscht. Dann setzt er sich neben mich und legt zärtlich den Arm um meine Schulter.

»Was ist denn los mit dir?«, fragt er in liebevollem Ton. Zu betont liebevoll für meinen Geschmack. Ich rücke ein Stück von ihm ab.

»Was los ist? Wir haben keinen Sex mehr. Aber das macht dir ja anscheinend nichts aus.« Das kommt jetzt patziger daher, als es gemeint ist.

Jan sieht mich ernst an. »Natürlich fehlt er mir auch.«

Leider bin ich gar nicht in der Stimmung, ihm zu glauben, was ich auch sofort in meiner gewohnt unverblümten Art loswerde.

»Da merke ich aber nichts von.«

»Du mit deiner Frauenlogik. Warum machst du denn nicht mal den Anfang, von dir kommt ja wohl auch nix«, kontert er, jetzt nicht mehr ganz so nett.

Da hat er schon recht. Aber ich lasse nun mal diesbezüglich lieber den Männern den Vortritt. Ich will im Bett erobert werden und auch diejenige sein, die das Vetorecht auf ihrer Seite hat. Und das hätte ich wohl nicht, wenn ich den Anfang machen würde.

Schon als Teenager, also in der Sturm- und Drangzeit, war bei mir von Drang wenig zu spüren. Während meine Freundinnen auf Partys aufrissen, was ging, stand ich in der Ecke und nuckelte an meiner Cola. Die Angst, als »leichtes Mädchen« zu gelten, stand einfach über allem und überschattete auch das Verhältnis zu meiner ersten großen Liebe. Er war ein Wahnsinnstyp und dementsprechend wahnsinnig gelangweilt von mir prüdem Vogel. Irgendwann verabschiedete er sich dann mit den Worten: »Du schreibst echt besser, als du küssen kannst.«

Er war der Erste einer Reihe von beziehungstechnischen Tiefschlägen. Erst mit Jan trat dann endlich der Mann in mein Leben, der mich so nahm, wie ich bin. Mit all meiner Verklemmtheit und Scham. Jan ist kein Mann, der immer nur das eine will. Er definiert sich nicht über Sex und sieht ihn auch nicht als Gradmesser für ein funktionierendes Miteinander an. Nein, er ist ein Mann, mit dem man auch viel Spaß außerhalb des Schlafzimmers haben kann. Und trotzdem, wie viel Enthaltsamkeit erträgt die Liebe?

Während ich so vor mich hin sinniere, fixiert Jan die Kacheln an der Wand, als wollte er sie hypnotisieren. Zwanzig Zentimeter Badewannenrand zwischen uns fühlen sich plötzlich an wie tausend Kilometer. Und dann diese Stille. Schweigen macht mich nervös. Darin liegt so viel Unberechenbares. Mein Vater war Meister darin. Er strafte mich als kleines Mädchen oft tagelang mit stummer Nichtbeachtung. Als ich einmal unserer Angorakatze mit der Nagelschere die Barthaare stutzte, brachte er es gar auf den traurigen Rekord von zehn Tagen. Was von meiner Kindheit übrig blieb, sind also eine massive Verlustangst und Ungeliebtheitspanik, die an mir kleben wie Hundekacke am Schuh. Auch jetzt machen sich die beiden Scheusale wieder bemerkbar.

Ich schnappe nach Jans Hand. »Es tut mir leid.«

Keine Antwort.

»Ich bin einfach total durch«, rudere ich zurück. Ich will, dass er mir auf der Stelle und sofort sagt, dass er mich noch lieb hat. Das Spiel spielen wir häufig. Meist geht es auf Kosten meines Selbstwertgefühls. Aber besser das Ego unten, als dass der eigene Mann tagelang wie ein trauriger Tiger durchs Haus schleicht.

Jan ist nämlich nicht eigentlich nachtragend, sondern extrem nach*leidend*. Was, ehrlich gesagt, die schlimmere der beiden Nach-Varianten ist. Oft genügt ein lautes Wort von mir, und er verkriecht sich wie eine verschreckte Schildkröte in seinem Panzer. Konflikte sind für ihn kaum auszuhalten, deswegen riskiert er sie auch nur im äußersten Notfall.

»Warst du eigentlich mal wieder bei deinem Therapeuten?«

Oh, anscheinend ist das hier ein Notfall für ihn. »Nein.« Meine Antwort kommt bissig, denn wenn ich etwas nicht leiden kann, dann das Gefühl, dass *ich* immer an allem schuld bin. Nur weil ich seit acht Jahren die Couch belagere, heißt das nicht, dass ich diejenige mit dem größten Knacks bin. Ich versuche wenigstens, die Risse in meiner Psyche zu kitten. Aber so ist es immer. Sobald es im ehelichen Gebälk knarzt und ächzt, werde ich als Geräuschmacher ausgemacht. Mein Mundwerk schießt zwar oft schneller und lauter als das von Jan, aber das heißt nicht, dass ich zwangsläufig immer die größeren Wunden verursache. Ich bin einfach hoffnungslos emotional und kann mit rationalen Ansätzen – vor allem was das Leben in einer Partnerschaft betrifft – einfach herzlich wenig anfangen.

Während ich alles aus dem Bauch heraus entscheide, ist Jan ein Wunderwerk an Pflichterfüllung. Kaum hatte er den Ehering am Finger und das Kind im Tragetuch, gab er alles auf, was für ihn einmal sein Leben war: Freunde, Hobbys, Flugschein, Karriere, Cuba Libre … Fast schon beängstigend. Für ihn gibt es nur noch eines – und zwar uns und dazu den

Satz: »Ihr seid mir einfach das Wichtigste in meinem Leben.«
Wunderschön, das will jede Frau hören. Allerdings weit weniger schön, dass die halbe Welt deswegen glaubt, ich hätte Jan am Wickel. Ich die Dominante, er das arme Schoßhündchen. Vor allem in den Augen seiner Familie scheine ich eine unglaubliche Femme fatale zu sein. O ja, ich steh nämlich auf Yoga, probiere aus, wohin mich die Begeisterung treibt, mag es gerne ökologisch wertvoll und halte absolut nichts von abgelaufener Billigwurst und noch weniger von autoritärer Erziehung. Okay, damit bin ich natürlich auch ein echter Schocker für Jans Sippschaft. Aber vielleicht bin ich das ja auch für ihn.

Wir starren jetzt beide auf die Kacheln. Sie sind gar nicht richtig weiß, sondern mit einem feinen Schmutzfilm überzogen. Ein leichter Schatten, kaum erkennbar, aber doch da – wie der Schatten auf unserer Ehe.

»Jan, bist du glücklich mit mir?« Obwohl die Uhr im Badezimmer eine von der digitalen Fraktion ist, höre ich sie laut ticken. Jan lässt sich Zeit mit seiner Antwort, dann sieht er mich an und lächelt. »Eigentlich schon.« Das »eigentlich« kehren wir mal unter den Teppich. Immerhin hat er nicht »nein« gesagt. Und ich kann mich auch darauf verlassen, dass er meint, was er sagt. Jan lügt nämlich nie. Im Gegenteil. Manchmal übertreibt er es eindeutig mit der Ehrlichkeit. (»Ja Schatz, der Nagellack ist wirklich schön, aber damit fallen deine krummen Zehen doch noch viel mehr auf.«) Tja, man kann einfach nicht alles haben. Er bekommt von mir schließlich auch nie seinen heißgeliebten Hackfleischstrudel serviert (kann Mama eh am besten).

»Friede?«, frage ich ihn.

»Friede«, sagt er, lächelt und umarmt mich. Ganz, ganz fest. Das macht er auch nur bei mir. Bei Freunden, Bekannten und Verwandten hält er meist einen gehörigen Sicherheitsabstand. Mit Körperkontakt hat er es nicht so.

Für den Moment geht es mir wieder besser. Auch wenn ich weiß, dass nicht alles wirklich gut ist. Gemeinsam löschen wir das Licht im Badezimmer, gemeinsam werfen wir einen letzten Blick auf unser schlafendes Söhnchen, und gemeinsam gehen wir ins Bett. Letzteres haben wir in sieben Jahren im Übrigen kein einziges Mal ohne den anderen getan. Jetzt mal die Zeiten ausgenommen, wo einer von uns krank oder auf Geschäftsreise war. Kein spannender Film (nicht mal »Bauer sucht Frau«), keine noch so frühe Uhrzeit konnte uns jemals davon abhalten, zu zweit in die Koje zu steigen. Meine Freundinnen fragen mich oft verwundert warum, und ich antwortete nicht selten: »Darum«. Eine wirkliche Antwort auf dieses Phänomen gibt es nicht. Zumal es umso verwunderlicher erscheinen mag, wenn man weiß, dass wir uns im Schlafzimmer außer zum Betten-Ausschütteln, Kokons-Bauen und eben Schlafen kaum zu einer anderen Aktivität hinreißen lassen.

Aber wenn hinreißen, dann tatsächlich nur im Schlafzimmer. Früher musste manchmal noch pünktlich zur Primetime das Sofa herhalten, aber erstens war mir das irgendwann zu berechenbar und zweitens mal ehrlich: Wer will schon gerne zwischen Jauch und Zwegert eine Nummer schieben? Beim »Tatort« (sonntägliches Pflichtprogramm) lief im Übrigen nie was. Der Grund liegt auf der Hand: keine Werbepausen, keine Pause fürs Werben. So einfach ist das. Also blieb nur noch die banale Schlafstatt. Und da diese selten auf dem Küchentisch, auf Badezimmerfliesen oder sonst wo zu finden ist, waren unsere sexuellen Ortsbegehungen wahrhaft von begrenzter Natur. Apropos – zwischen Gräser, Wiesen und Feldern lief natürlich auch nix.

Jan ist diesbezüglich einfach wenig experimentierfreudig und lebt außerdem in ständiger Angst davor, dass ihm die Nachbarn dabei zusehen, wie er sich die Knie aufschubbert.

Heute schubbert sich nichts mehr. Jan ist müde. Ich bin müde. Gemeinsam sind wir es irgendwie müde. Nachdenklich starren wir beide an die Schlafzimmerdecke – wieder diese Schatten. Jan richtet sich auf und sieht mich an. Ein Novum, denn einmal im Bunker, kommt er normalerweise selten vor dem Weckerklingeln wieder daraus hervorgekrochen.

»Weißt du was, wir fahren übers Wochenende weg.«

»Nur wir zwei beide?«, frage ich gerührt nach.

»Nur wir zwei beide«, wiederholt er mit heiligem Ernst. Wir fassen uns an der Hand und halten uns für Sekunden fest. Dann lässt Jan los und wühlt sich zurück in sein Kissen. Nicht berühren – alles wie immer, und das ist für den Moment auch wie immer alles.

»Gute Nacht, mein Schlafschaf«, murmelt er noch, dann schläft er auch schon ein.

»Gute Nacht, mein Zickenzähmer«, antworte ich leise und meine es auch so. Auch so eine Angewohnheit von uns: Jeden Abend ein neuer unsinniger Kosename.

Was uns wohl morgen einfällt?

Fahrt ins Blaue

Eine Woche später sitzen Jan und ich tatsächlich im Auto und rauschen gen Kurzurlaub. Mit im Gepäck meine neue Unterwäsche sowie ein Haufen unausgesprochener Hoffnungen und Wünsche. Im Radio läuft irgendeine Liebesschnulze. In meinem Kopf läuft das Kopfkino. Ich stelle mir vor, wie Jan und ich zwei Tage nicht mehr aus dem Hotelzimmer herauskommen, wie wir kaum Nahrung zu uns nehmen und uns gegenseitig den prickelnden Champagner aus dem Bauchnabel schlürfen. Nonstop Leidenschaft. Nonstop nur wir. Die Art von Sex, die man meist nur aus Büchern oder aus französischen Filmen kennt. Ein stundenlanges mal zartes, mal wildes Berührungsintermezzo, das schlussendlich in einem fulminanten Höhepunkt mündet.

Vielleicht wird dieses Wochenende ja der Beginn eines völlig neuen intensiven Miteinanders. Eine erotische Kickoff-Veranstaltung, die in Zukunft Lust auf mehr macht. Die

Chancen stehen doch wirklich gut. Schöne Umgebung, Zeit und nichts, um das wir uns wirklich kümmern müssten.

»Du Schatz, wir sollten ohne große Erwartungen an das Ganze rangehen. Bloß keinen unnötigen Druck aufbauen, okay?« Jan wendet seinen Blick kurz von der Straße und sieht mich ernst an. Mein Mann, der Meister im Gedankenlesen – vor allem, was die meinigen betrifft. Jan kennt mich einfach durch und durch. Er weiß um meine Phantasie, er weiß um meine Träume, die meist mit kleinen Anflügen von Realitätsverlusten einhergehen, und er weiß um meine Enttäuschung, wenn wieder einmal ein Plan von mir nicht so aufgegangen ist, wie ich mir das in den buntesten Fingerfarben ausgemalt habe. Ich bin eine überaus ambitionierte Architektin von Luftschlössern. Und Jan ist der verantwortliche Abrissunternehmer. Sein Leben spielt im Hier und Jetzt – meins öfter mal im rosaroten Nimmerland. Eigentlich die perfekte Kombination. Ohne Jan würde ich wohl schon längst wie ein Heißluftballon davonschweben. Und ja, auch in diesem Fall hat er wohl wirklich recht mit seiner nüchternen Ansage. Manches kann und soll man auch einfach nicht erzwingen – ein perfektes Liebesleben schon gar nicht. Das haben die letzten Wochen und Monate mehr als bewiesen.

»Okay, kein Druck«, stimme ich vernünftig und mit entsprechend wenig Begeisterung zu. Jan lächelt erleichtert. Und ich höre jeden einzelnen der Pflastersteine, die da von seinem Herzen herunterpoltern. Schweigend starre ich zum Fenster hinaus. Es ziehen saftige Wiesen an meinem Auge vorbei, und ein paar unscheinbare Wolken grüßen von einem sonst strahlend blauen Himmel herab.

»Wir haben es eigentlich schon echt gut«, sagt Jan.

»Ja, das haben wir.« Sage ich und entdecke gleichzeitig hinten am Horizont ein paar meiner ungelebten Sehnsüchte, die gerade dabei sind, im ewigen Nirgendwo zu verschwinden. Entsprechend bin ich nun in leicht gebremster Stimmung – obwohl, angefühlt hat sich Jans rationaler Einwand dann doch eher wie eine abrupte Vollbremsung.

Mit Ankunft in der Vier-Sterne-Luxusoase trete ich dann aber wieder höchst motiviert aufs Gas. Dieser Ort ist einfach viel zu schön und der Begrüßungstrunk viel zu promillehaltig, um Trübsal zu blasen. Eigentlich wollte ich dieses Wochenende ja völlig enthaltsam leben. Kein Alkohol, keine sonstigen Kompensationsmaßnahmen – nur ich pur und wünschenswerterweise Jan obendrauf und in mir drin. Aber morgen ist ja auch noch ein Tag. Und »Ohne Druck« – so lautet doch die Devise.

Getreu diesem Motto lässt uns dann auch das überaus große Doppelbett in der überaus kleinen Juniorsuite völlig kalt bzw. wird von uns mit absolut übertriebener Nichtachtung gestraft.

»Guck mal, Schatz, ein tolles Bad.«

»Ja, und so viele Handtücher.«

Die Unsicherheit zwischen uns beiden ist deutlich zu spüren. Wie zwei Teenager, die große Angst vor dem ersten Mal haben. Wobei, wirklich mitreden kann ich da nicht. Bei meinem ersten Mal war ich nämlich schon knapp zwanzig und mein damaliger Freund Mitte dreißig. Von unschuldiger Annäherung kann da kaum die Rede sein. Er freute sich über meine Jungfräulichkeit und ich darüber, dass es schnell und relativ schmerzfrei vorbeiging.

Und was Jan betrifft, ließ er sich mit vierzehn auf den Philippinen von einer rotlichtigen Einheimischen entjungfern. Für ihn:»Mein schönstes Urlaubserlebnis.« Für seine Eltern Monate später der Grund für viele zahlreiche grauen Haare. Denn aus der Ferne kam plötzlich ein Brief, der ein kleines, aber äußerst gewichtiges Detail enthielt: das Foto eines süßen, mandeläugigen Babys. Das Ganze war dann aber doch nur der zweifelhafte Versuch der Asiatin, ein bisschen was vom westlichen Reichtum zu ergattern, und Jan war die drohenden Vaterpflichten dann Gott sei Dank schneller wieder los, als das Kuckuckskind Bäuerchen machen konnte.

Die ganze Geschichte erfuhr ich übrigens im Zuge einer gegenseitigen »Nacht der Wahrheit.« Fünf Wochen nachdem wir uns kennengelernt haben, beschlossen Jan und ich, uns jedes noch so schmutzige oder peinliche Geheimnis unserer Vergangenheit zu erzählen. Die Tatsache, dass ich schon mal Sex mit einer Frau hatte, war für ihn natürlich das absolute Highlight. »Wow, da wäre ich gerne dabei gewesen.« Jans faszinierten Blick von damals werde ich nicht vergessen. Dabei war das wirklich keine große Sache. Zwei betrunkene Mädels und ein bisschen Lust auf Experimente: »Hast du schon mal eine Frau geküsst?«

»Nee, du?«

»Nee, wollen wir es mal ausprobieren?«

»Klaro.«

Mund auf, Zunge raus, und ab ging die Miezi. Seit diesem Zeitpunkt bin ich felsenfest überzeugt davon, dass Frauen die besseren Küsser sind. Widerlegt wurde das bis dato noch von niemandem. Dass sie bessere Liebhaber sind, habe ich im Übrigen nicht behauptet.

Mein potentieller Liebhaber fürs Wochenende hat sich

mittlerweile mit seinem Laptop auf den Balkon verzogen. Dabei hatten wir doch ausgemacht, dass die Technik zu Hause bleibt. Also zumindest glaube ich das.

»Jan, wollten wir die Computer nicht zu Hause lassen?« Ich bemühe mich um einen ruhigen Ton, kann aber nicht verhindern, dass es leicht zickig klingt.

»Echt Schatz? Hab's aber eh gleich.« Ein Lächeln, und schon hat er mich zugunsten seines Fußballmanagerspiels (ein Online-Spiel für alle, die mit dem eigentlichen Fußballspiel so gar nichts am Hut haben) vergessen.

Voller Frust stampfe ich wie ein zorniges Rumpelstilzchen auf dem Boden herum. Hört nur leider keiner, weil Flauschi-Teppich.

Gut, dann packe ich eben meinen Koffer aus – mache ich nämlich immer sofort nach Ankunft. Genauso, wie ich ihn immer schon zwei Tage vor Abreise wieder packe. Jan findet das jedes Mal ziemlich doof und nennt es sinnlose Urlaubszeitvergeudung. Aber ich kann einfach nicht anders. Sag einem Raucher, er vergeudet seine Innereien, und wird er aufhören zu rauchen? Eben! Nach drei Minuten ist der Inhalt meines Rimowas im Schrank verteilt, und ich betrachte zufrieden mein Werk. Alle Fächer sind belegt. Ha, da soll der Herr Fußballmanager mal gucken, wo er seinen Kram noch unterbringt. Ich beobachte Jan, wie er draußen auf seinem digitalen Tablett rumhämmert, und spüre eine irre Wut in mir hochkochen. Aufmerksamkeit. Aufmerksamkeit. Aufmerksamkeit. Und zwar jetzt. Ich donnere die Schranktüren zu, dass es sie fast aus der Verankerung hebt.

»Geht's vielleicht ein bisschen leiser.« Jan steht in der Balkontür und sieht mich vorwurfsvoll an.

Ich knalle die letzte Türe zu. »Oh, habe ich den Herrn etwa gestört? Das tut mir wirklich furchtbar leid!«

Jan schüttelt nur den Kopf. »Du benimmst dich manchmal wie ein bockiges Kind, das nicht sofort das bekommt, was es will. Wir kriegen das schon alles hin. Wir müssen eben geduldig sein.«

Geduld, Geduld … hm, was bedeutet das noch mal?

Langsam merke ich, wie sich mein System tatsächlich beruhigt. Als mich Jan dann noch in den Arm nimmt, fühle ich mich sicher und geborgen. Jan ist mein Fels, meine Dockingstation – war er immer schon. Und ab und an braucht das störrische kleine Mädchen in mir genau das. Doch jetzt erwacht die Frau in mir zu neuem Leben und braucht erst einmal etwas ganz anderes.

»Hotelbar?«, frage ich.

Einen Mai Tai später ist der ganze Kummer wieder verraucht, und ich bin angenehm entspannt. Klar weiß ich, dass Alkohol keine Probleme löst und vor allen Dingen auch nicht unmittelbar einen Orgasmus erzeugt (oder gibt es da etwa andere Meinungen zu?), aber man muss auch mal mit etwas mehr Bescheidenheit ans Leben rangehen und nehmen, was kommt. In meinem Fall Mai Tai Nummer zwei.

Am anderen Tag erwache ich mit einem schweren Kopf und nicht minder schweren Gedanken. Ein furchtbarer Traum hat mich durch den Schlaf gebeutelt. Immer wieder habe ich darin versucht, Jan anzurufen, und immer wieder habe ich mich verwählt. Ich habe es einfach nicht geschafft, die richtige Nummer einzutippen, und bin schier daran verzweifelt. Mein Mann war schlicht nicht mehr erreichbar für mich. Als erfahrene Therapiegängerin und daraus resultierend äußerst geschulte Traumdeuterin weiß ich natürlich in etwa, was mein Unterbewusstsein geschlagen hat und meine Seele jetzt lautstark und ohne Rücksicht auf Verluste oder Katerstimmung herausbrüllt:

»Hallo, du Schnapsnase, wenn jetzt nicht bald was geht zwischen euch, dann geht bald gar nichts mehr. Dann ist er weg – oder du oder gleich alle beide.«

Sehr weise von dem allwissenden Miststück. Gut, wenn nicht jetzt, wann dann? Im Ernstfall muss man sich dann halt auch mal von seinen Prinzipien verabschieden. Ich springe also über meinen Schatten und krieche zum schlafenden Jan unter die Decke. Ganz sachte fange ich an, ihn zu streicheln. Keine Regung. Ich streichle fester. Nichts. Na gut! Schüttel. Schüttel. Schüttel.

Jan fährt erschrocken hoch und blitzt mich angesäuert an. »Sag mal, spinnst du, warum weckst du mich?«

»Damit du wach wirst«, kommt es extrem unschuldig aus meinem Mund. Das macht Jan erst richtig sauer.

»Du gönnst mir einfach nie, dass ich mal ausschlafe, oder?« Nicht, dass er mich anschreien würde. Nein, sein Ton ist ganz Dalai Lama, während er da so aus seiner zerstörten Bett-deckenburg heraus zielsicher meine Augen fixiert. Jan lässt einen lieber mit seinen Blicken über die Klinge springen.

Ich fühle mich ein bisschen ertappt. Es stimmt schon, ich kann es nicht leiden, wenn Jan länger schläft als ich – vor allem nicht am Wochenende. Allerdings hat das nichts mit »nicht gönnen« zu tun. Der Grund ist ein weitaus pro-fanerer. Ich habe schlichtweg nach dem Aufwachen Hunger, und dann muss Nahrung her, und zwar sofort. Und weil ja Wochenende ist, muss das in Form eines üppigen Frühstücks sein, und zu einem üppigen Frühstück gehört nun einmal die ganze Familie an den Tisch – egal, wie viel die Uhr geschlagen hat. So ist das. Aber so ist das ausnahmsweise heute mal nicht. Ich drücke mich an Jan heran und fummle an ihm herum.

»Oh, Herbert schläft ja noch«, nuschle ich Jan ins Ohr. Überrascht sieht er mich an. »Willst du wirklich Sex?« Ich nicke. »Du hast dich doch beschwert, dass ich nie den Anfang mache – also fangen wir an.«

Jan sieht mich irritiert an. »Aha.«

So richtig überzeugt klingt das nicht. Liegt wohl daran, dass spontaner Aufwachsex bis jetzt noch nie unser Ding war. Ich stehe nicht auf muffligen Morgengeruch, und bei Jan kommt die Lust prinzipiell erst in den Abendstunden. In sieben Jahren Ehe haben wir es kein einziges Mal vor der Arbeit, geschweige vor dem Frühstück getan. Auch schon wieder interessant … Wir beschränken uns quasi selbst in unseren Möglichkeiten.

Aber hallo, jetzt sind wir im Urlaub. Kein Job, der ruft, und kein Kind, das nach seiner obligatorischen Schale Müsli verlangt (den Pateneltern sei dank). Jan und ich haben einfach mal Zeit für uns. Und wenn man Zeit hat, schaut man nicht auf die Uhr. Nein, da schaut man wo ganz anders hin. Jan schaut aber trotzdem auf die Uhr und stöhnt auf. »Es ist erst sieben Uhr, Schatz, außerdem brummt mir der Schädel. Sorry, ich glaub, das wird jetzt nix.«

Jans Schädel ist wie ein Grizzlybär, er brummt einfach dauernd. Zumindest in meiner Wahrnehmung. Enttäuscht setze ich mich auf: »Warum bist du eigentlich immer müde oder hast Kopfweh?«

»Ich bin nicht immer müde, und ich habe auch nicht immer Kopfweh. Aber du willst immer dann Sex, wenn du garantiert weißt, dass ich keinen will!«

»Das stimmt doch gar nicht!«, verteidige ich mich empört, aber halbherzig, weil es natürlich schon ein bisschen stimmt. Doch im Endeffekt habe ich jetzt überhaupt keine Lust mehr auf eine Diskussion. Ich stehe auf und packe mein Sportzeug zusammen. »Du kannst noch ein bisschen schlafen, ich geh 'ne Runde aufs Laufband«, rufe ich meinem Gatten zu und stürme aus dem Zimmer. Joggen – mein Allheilmittel für alles. Ob als gerechte Bestrafung für eine durchzechte Nacht oder als Kompensator gegen die innere Einsamkeit. Davonlaufen konnte ich schon immer gut.

Nach anderthalb Stunden Dauerlauf erscheine ich durchgeschwitzt, aber halbwegs entspannt beim Frühstück. Jan ist schon da und kaut lustlos auf einem Stück Brötchen herum, wahrscheinlich mit Leberwurst.

Er begrüßt mich leicht zerknirscht. »Tut mir leid wegen vorhin.«

Ich winke ab, setze mich, blicke mich auf dem Tisch um, stehe wieder auf, gehe zum Frühstücksbuffet, fülle mir reichlich Joghurt in eine übergroße Müslischale und kehre zum Tisch zurück. Bevor ich loslöffle, wische ich mir eine nass geschwitzte Strähne aus der Stirn und sage:

»Schon gut, kein Druck.« Auch ich kann gnädig sein.

Den restlichen Tag verbringen wir im Wellnessbereich. Und der hat seinen Namen wirklich verdient. Statt rein funktionellem Nassbereich mit Nacktzone ein innenarchitektonischer Traum mit futuristischen Lichtinstallationen, exzellent aufeinander abgestimmten Kacheln und Fliesen, nicht zu vielen Pflanzenbehältern und gemütlichen Nischen für ein bisschen Privatsphäre. Da mag man gar nicht mehr grantig sein, sondern einfach nur genießen. Und das tun Jan und ich dann auch. Die Stimmung auf unserem beheizten Doppel-Wasserbett könnte nicht besser sein. Leidenschaftlicher allerdings schon. Auch später, als wir nackt nebeneinander in der Sauna sitzen, will die Lunte nicht recht brennen.

»Hör bitte auf, ständig auf ihn zu starren.« Jan reagiert nicht gerade geschmeichelt darüber, dass ich sein Geschlechtsteil gerade wie ein Wunder der Natur betrachte. Gut, dann lang ich halt gleich hin.

»Schatz, bitte nicht hier.«

Beleidigt ziehe ich meine Hand zurück.

»Warum nicht, jedem anderen Mann würde das gefallen.«

Jan verdreht die Augen, lächelt aber gutmütig. »Wenn ich dich an unser letztes Saunaerlebnis erinnern dürfte.« Ich muss grinsen, denn ich erinnere mich bereits. Vor fünf Jahren hatten wir mit Freunden eine Berghütte gemietet. Während der Rest der Truppe sich beim heißen Fondue vergnügte, kam Jan wider seine sonstigen braven Sexgewohnheiten (lag wohl daran, dass wir in einem Bettenlager schliefen) auf die wahnwitzige Idee, es mal Finnisch zu machen. Sprich bei neunzig Grad im Bretterverschlag. Am Anfang ließ sich das auch noch alles gut an. Der Schweiß ließ es flutschen, und so wirklich unbequem sind die Holzliegen ja auch nicht. Allerdings machte uns die Hitze dann doch einen feinen Strich durch die Rechnung. Kurz vor dem eigentlich spannenden Teil krachte Jans Kreislauf zusammen, und er kam wie ein geprellter Frosch auf mir zum Liegen. Mir selbst war es auch mehr als schwummrig. Ich kann also nur jeden warnen, der so etwas vorhat. Man braucht eine starke körperliche Konstitution oder sehr gute Freunde, die, wenn es drauf ankommt, einfach mal die Klappe halten.

»Wollen wir hoch aufs Zimmer?« Jan sieht mich mit einem Blick an, der mir sagen will: Ich bin bereit, wenn du es bist. »Gut, gehen wir aufs Zimmer«, töne ich etwas übertrieben motiviert zurück. Oben angekommen fallen die Bademäntel, und wir fallen ins Bett. Küssen uns. Streicheln uns. Fühlen uns. Alles ist so vertraut und schön und ... dennoch verspüre ich nicht die geringsten Anzeichen einer Erregung in mir. Um Jan nicht zu enttäuschen, mache ich trotzdem weiter. Es tut weh, und irgendwie wünsche ich mir, dass es ganz schnell vorbeigeht. Ich presse die Augen zusammen und warte einfach ab. Es ist dann tatsächlich schnell vorbei, denn auch bei Jan setzt der Motor aus.

»Sorry Schatz, aber irgendwie geht's nicht.«

Mit frustriertem Blick rollt er von mir runter.

»Ja, irgendwie geht's nicht mehr«, wiederhole ich traurig. Wir löffeln uns ein und halten uns fest – ganz fest. »Jan, ich habe Angst, dass es für immer so bleibt.«

»Das wird es nicht, das ist nur eine Phase«, redet Jan beruhigend auf mich ein. Dann windet er sich aus meinen Armen, springt aus dem Bett und schnappt sich sein Sportzeug. »Ich geh dann mal 'ne Runde laufen, Schatz.«

Und ich bestelle mir einen Mai Tai aufs Zimmer.

Sigmund Freude

Sex in der Ehe mag ja für viele ein Widerspruch sein, aber irgendwie tun es ja dann doch die meisten hin und wieder mal. Ob zur Versöhnung, zur Nachwuchspflege oder weil einfach mal wieder der Staub aus dem Getriebe gepustet werden muss. Romantisch liest sich das nicht, aber immerhin regt sich noch was. Der Standardspruch, den ich hierzu von meinen Freundinnen höre: »Wirklich Lust hatte ich ja nicht, aber als wir dann dabei waren, war's doch ganz nett.«

Jan und ich sind weiterhin nicht dabei, und ich versuche mich abzulenken. Gebe exorbitant viel Geld für Klamotten aus und fresse mich durch diverse Nahrungsmittel. Mein Gewicht steigt, mein Selbstwertgefühl sinkt und damit auch meine Laune. Anstatt auf Jan zuzugehen, überschütte ich ihn mit Vorwürfen. »Du hast, du sollst, warum machst du nicht?«

Aus mir wird langsam wirklich eine unzufriedene, schimpfende Amsel, die zu fett ist, um fröhlich gen Sonne zu fliegen und das Leben zu genießen. Die Sorte Frau, vor der ich mich selbst immer am meisten gewarnt habe. Verkniffene Gesichtszüge, Zornesfalten auf der Stirn und Blicke, die den Tod versprechen.

An einem stinknormalen Samstagmorgen ist das Maß dann endgültig voll. Dabei fing alles ziemlich harmlos an …

Während ich noch im Bett liege, hantieren Jan und Paul in der Küche herum. Frischer Kaffeeduft zieht durch die Wohnung, ich höre die Saftmaschine pressen, die Eieruhr piepsen, und aus dem Radio klingt fröhliche Allerweltsmusik. Ein perfekter Morgen. Ich schäle mich aus dem Bett und gehe in die Küche. Paul und Jan strahlen mich an. »Guten Morgen, Schatz!«

»Guten Morgen, Mama, guck mal, wir haben Frühstück gemacht.« Mein Blick wandert über den schön gedeckten Tisch, über allerlei leckere Köstlichkeiten und bleibt dann am Brotkorb hängen. Während ich ebenso plötzlich wie unkontrolliert zornig werde.

»Na toll, du warst beim falschen Bäcker. Du weißt doch, dass ich diese Retortensemmeln nicht mag«, gifte ich Jan an. Bin ich meinem Mann nicht mal mehr ein gutes Bio-Brötchen wert? Hat er denn überhaupt eine Ahnung, wer ich bin?

Die Jungs starren mich entsetzt an, ohne ein Wort zu sagen. Paul findet als Erster seine Sprache wieder. »Warum ist denn die Mama so sauer?« Jan streichelt ihm über die Haare. Er wirkt leicht erschöpft. »Ach, ich hab anscheinend wieder mal was falsch gemacht. Komm, lass uns frühstücken.«

Jan und Paul nehmen am Tisch Platz und fangen an zu essen. Mich ignorieren sie dabei völlig. Weshalb erst recht irgendetwas in mir austickt.

»Na Hauptsache, ihr werdet satt. Vielen Dank auch.« Ich rausche zur Küche hinaus, knalle die Tür hinter mir zu und schließe mich im Badezimmer ein. Natürlich weiß ich, dass das alles jetzt nicht wirklich fair von mir war. Und natürlich weiß ich auch, dass es ja eigentlich gar nicht um die »falschen« Backwaren geht. Tja, wo es an körperlicher Nähe fehlt, müssen Gefühle eben anderweitig bewiesen werden. Dabei weiß ich doch, dass ich für Jan alles bin. Ich hoffe es zumindest. Ganz sicher bin ich nicht. Ich meine: Hallo, Billigbäcker?! Meine Gedanken schlagen schon wieder Purzelbäume. So kann es echt nicht weitergehen.

»So kann es nicht weitergehen«, findet auch Jan, als ich wenig später reumütig am Frühstückstisch erscheine, um mir dann doch noch ein Retortenbrötchen zu schmieren.

»Deine Launen sind echt nicht mehr auszuhalten, und wenn sich das nicht ändert, dann ...« Er hält inne und wendet sich an Paul. »Wenn du magst, kannst du ein wenig mit Papas iPad spielen.«

Obwohl das Angebot verlockend ist und sonst immer zieht, bleibt Paul sitzen und sieht uns ernst an. »Nur wenn ihr nicht mehr streitet.« Wir versichern es, und der Kleine verzieht sich, nicht ohne uns noch eines skeptischen Blickes zu würdigen, aus der Küche.

»Dann?«, greife ich mit zittriger Stimme Jans letzten Satz auf.

Jan sieht mich sehr ernst an. Noch viel ernster, als er eben schon geklungen hat. »Dann habe ich keine Lust mehr.«

Mir bleibt der Bissen fast im Hals stecken. So wie er guckt, meint er, was er sagt – kein Spaß, das ist mal so was von klar.

In meinem Kopf schrillen alle Alarmglocken, und ich spüre, wie ich kurz davor bin, die Nerven zu verlieren.

Zum Glück für alle Beteiligten fällt mir was Besseres ein: Weich wie Stoffkarl lasse ich mich in seine Arme sinken und atme an seinem Hals eine gefühlte Stunde aus. Auch Jan wird ganz weich, ich merke förmlich, wie die Anspannung aus seinem Körper fließt. Schließlich setze ich mich ordentlich auf seinen Schoß, sehe ihm tief in die Augen, und dann nehmen wir uns in die Arme und halten uns lange aneinander fest. Während dieser wunderbaren kleinen Ewigkeit kehrt wieder Ruhe in unseren Herzen ein.

»Und jetzt?«, frage ich, als ich mich nach dem nervlichen Höllenritt wieder in der Lage fühle, jammerfrei zu sprechen.

»Ich weiß auch nicht, vielleicht brauchen wir Hilfe. Was ist mit einer Therapie?«

Erbost sehe ich Jan an, weil er mir jetzt wieder mit der Leier kommt – ich, das therapiebedürftige Frauchen, das offenbar was falsch macht, weil die Therapie nicht wirkt. Ich suche in meiner Empörung noch nach den richtigen Worten, da sehe ich, dass er doch tatsächlich grinst.

»Nicht du allein«, sagt Jan, »wir beide zusammen.«

»Du meinst Paartherapie?«, verleihe ich lautstark meinem Erstaunen über Jans Vorschlag Ausdruck. Bis jetzt war er aus Therapeutensicht gesehen eher ein harter Knochen. Von seiner letzten und einzigen Therapeutin hat sich Jan nach fünf Sitzungen in gegenseitigem Einvernehmen getrennt. Er sagt, weil sie ihn zu sehr an seine Mutter erinnert. Ich glaube eher, weil sie ihm zu sehr auf die seelische Pelle gerückt ist. Aber natürlich finde ich seine Idee gut. Denn es ist offensichtlich, dass wir selbst keine Lösung für unsere Probleme finden. Wir wissen ja gar nicht genau, was die Probleme sind, die uns so Probleme machen. Vor allem im Bett.

»Okay, lass es uns tun«, stimme ich dem Vorschlag meines Mannes zu.

Jan grinst. »Jetzt sofort? Hier auf dem Küchenboden?«

Ja, über Sex reden, das können wir. Wie heißt es so schön in einem Sprichwort: »Hunde, die bellen, etc.« Wir stürzen uns also mitnichten auf den Fußboden, sondern begnügen uns mit Feste Umarmung Reloaded. Und während im Radio Nena laut Wunder geschehen lässt, will ich daran glauben, und Jan beißt sich derweil an meinem Ohr fest.

Wenig später am Spielplatz stehen wir da wie zwei Frischverliebte. Kein Mensch sieht uns an, dass vor ein paar Stunden noch ein wahrer Gefühlstornado durch unsere Wohnung gesaust ist. Wir beobachten Paul, wie er sich durch das verpisste Unterholz der Spielplatzbegrünung schlägt, und diskutieren dabei über die Wahl des richtigen Therapeuten. Für mich ist klar, dass es nur einen geben kann. Nämlich meinen.

»Aber der ist dann doch bestimmt voreingenommen«, gibt Jan zu bedenken.

»Ach Quatsch, der doch nicht.« Ich muss es wissen, schließlich bin ich schon fünf Jahre bei ihm. Dr. Freude, wie ich Herrn Dr. Friedrich Oslowski wenig einfallsreich, aber dafür sehr optimistisch nenne, ist meines Erachtens einer der Besten seiner Zunft. Nicht umsonst hängt mittlerweile fast mein gesamter weiblicher Freundes- und Bekanntenkreis bei ihm ab und lässt sich von ihm die Seele massieren. Dabei ist er wahrlich kein Typ zum Verlieben. Er wirkt stets etwas hölzern und unterkühlt. Das spiegelt sich auch in seiner Klamottenwahl wider. Soweit ich das beurteilen kann, sind die einzigen Farben in seinem Schrank Beige, Braun und Grau. Letzteres in verschiedenen Farbabstufungen. Aber was er an Optik und Charme spart, macht er mit klugen Fragen und noch klügerem Schweigen wieder wett. Er hört oft eine Stunde lang nur zu. An manchen Tagen hat mich diese Tatsache in den Wahnsinn getrieben, an guten Tagen jedoch brachte er mich so dazu, mir selbst Lösungsvorschläge für meine diffusesten Angelegenheiten einfallen zu lassen. Kurzum, er ist genau der Richtige für mich. Und was gut ist für mich, kann doch für uns nur besser sein.

Jan wirkt in dieser Hinsicht noch nicht so überzeugt.

»Mal ehrlich, Schatz, du rennst zweimal die Woche zu deinem Freuden-Doc und bist trotzdem nicht wirklich ausgeglichen.«

»Stimmt, aber ohne ihn wären wir nicht verheiratet.«

Die Wahrheit darf ja mal gesagt werden. Bevor ich bei Doc Freude aufschlug, war ich nämlich ein ziemlich entgleistes Bündel Mensch. Zwar arbeitete ich ziemlich erfolgreich in der Werbung, aber mein Privatleben ließ doch schwer zu wünschen übrig. Jeden zweiten Tag verkatert, jede Woche Liebeskummer. Dazwischen Sport bis zum Umfallen. Alles extrem extrem. Das macht kein Organismus lange mit. Irgendwann, als meine Freundin Lene mich dabei ertappte, wie ich großartige Fluchtpläne schmiedete – in keiner Stadt hielt ich es länger als zwei Jahre aus –, steckte sie mir die rettende Nummer zu.

»Du rufst da jetzt an und machst einen Termin. Ich lass dich nämlich nicht einfach abhauen. Dafür bist du mir viel zu wichtig.«

Vor allem ihr letzter Satz hat mich damals überzeugt.

Seit diesem Anruf sind jetzt schon viele Jahre auf der Couch ins Land gezogen. Jahre, in denen Doc Freude sich mit etlichen meiner männlichen Fehltritte konfrontiert sah und sich stets jegliches Urteil darüber verkniff, wenn ich kater-übersäuert auf seinem Sofa dahinvegetierte. Doch eines Tages, als ich mich mal wieder extrem herzlos über einen Mann ausließ, der offensichtliches Interesse an mir zeigte und mich mit Komplimenten überschüttete, konfrontierte mich mein Therapeut mit einer ziemlich gewagten These:

»Sie rennen Männern hinterher, die Sie mies behandeln, weil Sie dann niemals Gefahr laufen, dass diese Ihnen zu nahe kommen. Erst wenn Sie einen erwischen, der Sie so mit Liebe überschüttet, dass Sie zu ersticken meinen, und es aushalten – dann können Sie sich als geheilt betrachten.«

Aha. So weit, so unklar. Für mich hörte sich das ungefähr so an: Ich fühle bei netten Männern nichts, weil ich aufgrund meiner verqueren Psyche nichts fühlen kann, aber im Grunde fühle ich doch, fühle es nur nicht. Logisch.

Wie es der Zufall so will, traf ich wenige Tage nach dieser Sitzung einen wirklich sympathischen Typen, der sich zudem unsterblich in mich verliebte. Und ich gab ihm, resultierend aus den Worten des Herrn Doktors, eine echte Chance. Der Kerl legte mir die Welt zu Füßen und sogar den Bergkäse, den ich so gerne mochte. Er tat alles, um mich zu beglücken, und mir war, wie sollte es anders sein, vom ersten Augenblick an nach Flucht. Doch ich hielt tapfer durch. Alles hielt ich aus: Seine senfgelben Schlüpfer, seine Orangenhaut und sein überzogenes Romantikgesäusel. Nein, diesmal wollte ich es richtig machen, Würgereiz und Panikattacken zum Trotz. Waren diese Gefühle doch nur bösartiges Teufelswerk meiner dunklen Seele. Ich litt also weiter stumm vor mich hin und ließ den armen Kerl auch nach Wochen noch keinen Millimeter näher an mich heran. »Du, ich möchte noch nicht mit dir schlafen, okay.«

Diesen Satz sagte ich wohl mehr als einmal, und er blieb geduldig im sexuellen Wartezimmer hocken. Ein scheuer Kuss war das Einzige, was er mir abverlangte, wenn er sich besonders wagemutig fühlte. Wieder einmal war es dann meine Freundin, die mich von all dem erlöste. Kaum hatte sie ihn das erste Mal live erlebt, sagte sie trocken: »Ehrlich, dieser Typ hat nichts mit deinen geistigen Totalausfällen zu tun – dieser Typ ist selbst ein Totalausfall.«

Ich habe ihr die Füße geküsst und ihn mit den gleichen grausamen Worten abserviert, mit denen ich schon so viele abserviert habe: »Du, ich glaube, ich liebe dich einfach nicht so wie du mich.« Kratsch. Wieder lag ein Männerherz in tausend Scherben vor mir. Bis heute weiß ich nicht, ob ich nichts gefühlt habe, weil ich nichts fühlen kann, obwohl ich doch fühle oder …

Zwei Wochen später habe ich dann Jan kennengelernt. Obwohl auch er nicht zur Kategorie »Männliche Wildsau« gehört, sind wir zusammengekommen. Mir gefiel seine ruhige Art, und er liebte mein Temperament. Zwar holperte es auch bei uns am Anfang ein wenig, aber da wir das Spiel zwischen Nähe und Distanz beide sehr gut beherrschen, lief schlussendlich dann doch alles auf Hochzeit und vorläufiges Happy End hinaus.

»Also Doc Freude, oder?«, insistiere ich fröhlich, während wir hoch oben auf dem Klettergerüst sitzen und mit unserem

Sohn Wolkengucker spielen. Um uns herum eine Meute protestierender Kleinkinder, denen wir die Plätze klauen. Egal. Kindsein muss auch mal sein.

Jan sieht mich über die Zwerge hinweg mit hochgezogener Augenbraue an. »Okay«, sagt er dann, »probieren wir es mit ihm.« Patsch, da hat er eine Schaufel im Gesicht. Hoffentlich kein schlechtes Omen.

An einem banalen Mittwochabend ist es dann so weit. Jan und ich haben unsere erste Paarsitzung. Etwas nervös, aber durchaus bester Dinge sitzen wir im Wartezimmer und halten Händchen. Aus dem Sprechzimmer klingen leise Flüche.

»Er hat bestimmt wieder ein Computerproblem«, flüstere ich Jan zu, der verwundert lauschend dasitzt. »Ich dachte, der ist die Gelassenheit in Person«, flüstert er zurück.

Ich zucke mit den Schultern. »Wer ist das schon immer?« Selbst meine Yogalehrerin flucht wie ein Rohrspatz, wenn ihr das Räucherstäbchen abbricht. Ich kenne nur einen Menschen, den wirklich nichts, aber schon gar nichts aus der Ruhe bringen kann, und der sitzt gerade neben mir auf der Wartebank und tippelt auf seinem iPhone herum. Langsam entwickle ich echte Aversionen gegen Jans Apple-Manie. Ich stöhne hörbar auf und verdrehe dabei genervt die Augen. »Du bist echt süchtig nach dem Ding.«

Jan sieht mich von der Seite an und schüttelt den Kopf. »Was du immer hast.« Was soll ich schon haben? Eifersüchtig bin ich. Eifersüchtig auf ein angesagtes Technik-Spielzeug, das tendenziell mehr Aufmerksamkeit bekommt als ich. Aus meiner Tasche tönt plötzlich laut ein Alphorn.

»Schatz, ich glaube, du hast eine SMS bekommen.« Süffisant grinsend sieht er mich an. Wenn ich jetzt mein iPhone raushole, ist diese Schlacht erst einmal für mich verloren.

Vier SMS später (meine Freundin muss doch erfahren, wie der Stand der Dinge ist) holt uns Dr. Freude dann endlich ins Sprechzimmer. Ich fühle mich sofort wie zu Hause und schmeiße mich auf die abgewetzte Couch, auf der ich bei den Analysesitzungen immer rumliege und in mich hineinblicke. Oder zu blicken versuche. Gequatscht wird jedenfalls immer auf der Couch, an Themen mangelt es mir schließlich nicht.

»Wir sitzen«, kommt es mit knappen Worten aus dem Therapeutenmund.

Ups, klaro. Wo habe ich nur meinen Kopf? Bin ja heute nicht als Einzel, sondern im Doppel auf dem Platz. Auch wenn mein Partner gerade versucht, sich so unsichtbar wie möglich zu machen, indem er sich ganz tief in einen der beiden speckigen Ledersessel sinken lässt. Ich setze mich daneben und beobachte Dr. Freude, wie er sich langsam und bedächtig wie eine Schildkröte uns gegenüber setzt. Er faltet die Hände wie zum Gebet und starrt uns an. Wir starren zurück. Schweigen. Jans Augen wandern irritiert zu mir. Ich zucke mit den Schultern. Es folgt weiteres Starren und noch mehr Schweigen. Fünf Minuten später ist immer noch nichts passiert. Jan rutscht nervös auf seinem Stuhl herum, und ich baumele mit den Beinen. Baumel. Baumel.

»Bitte erzählen Sie doch einfach mal.« Aufmunternd sieht uns der Doc an. Er scheint unsere leichte Unsicherheit bemerkt zu haben, und ich bin ihm extrem dankbar für seinen kleinen Schubs. Allerdings möchte ich diesmal nicht die Erste sein, die spricht. Tagtäglich feuert mein Mundwerk mindestens fünfmal so viele Worte ab wie das von Jan. Darum soll er jetzt mal loslegen. Ist auch nur fair. Ich deute also auf meinen Mann.

»Er soll erzählen«, bestimme ich freundlich. Jan verzieht das Gesicht zu einer Grimasse. Es fehlte nicht viel, und er hätte mir wohl die Zunge herausgestreckt. Der Dr. räuspert sich und sieht mich ernst an. »*Er?* Ganz schön unpersönlich, wie Sie über Ihren Mann sprechen.«

Ich fühle mich ertappt und senke beschämt meinen Kopf. So viel zum Thema »voreingenommen«. Einen Heimvorteil habe ich hier schon mal nicht. Auch Jan scheint das jetzt einzusehen und wirkt gleich um ein paar Nuancen entspannter.

»Sie sind aber ganz schön streng«, witzelt er. Der Doc lacht nicht, stattdessen scheine ich einen Hauch von Ungeduld in seinem Gesicht auszumachen. Es hilft nichts, irgendwann müssen wir mit der Sprache herausrücken. Ich übernehme das jetzt mal.

»Er, also, äh, Jan und ich, also wir haben seit ungefähr fünf Monaten nicht mehr miteinander geschlafen, und irgendwie werden wir auch immer verklemmter, was das betrifft.«

Jan sieht mich verwirrt von der Seite an. »Fünf Monate – hast du mitgezählt? Und außerdem hatten wir doch an Weihnachten, oder?«

»Du hattest an Weihnachten«, korrigiere ich.

»Na hör mal, du warst doch auch dabei. Und es war doch schön.«

Plötzlich bin ich wieder kurz davor, in Tränen auszubrechen, denn dieser spezielle Fall beweist mir wieder einmal, wie wenig zwischenmenschliches Gespür Jan manchmal an den Tag legt – oder aber ich bin eine tatsächlich äußerst brillante Schauspielerin im Bett. Ums kurz zu machen: Die Heilige Nacht war bei mir unten eher eine Stille Nacht. Verdammt still, geradezu totenstill. Denn der sogenannte Sex war nichts weiter als ein punschgeschwängertes Auf und Nieder, wo am Ende einer Halleluja schrie. Und zwar nicht ich. Romantisch geht anders. »Nein, für mich war es nicht schön«, rede ich deshalb Tacheles, denn Rumdrucksen ist ja sicher nicht hilfreich bei so einer Paartherapie. »Ich kam mir so benutzt vor, es fühlte sich einfach nicht nach einem Wir an. Es fühlt sich momentan überhaupt selten nach einem Wir an.«

Stille. Jans Blick scheint sich irgendwo im Nichts zu verlieren.

»Möchten Sie dazu etwas sagen?«, wirft unser Paartherapeut Jan die imaginäre Wollkugel zu. Jan fängt sie und wendet sich an mich. »Du lässt doch ein Wir auch gar nicht mehr zu.« Kein Angriff in seiner Stimme, nur Traurigkeit. Und schon habe ich wieder das Knäuel.

Ich weiß, was ich sagen will, doch die folgenden Worte wollen wohlüberlegt sein. Schließlich sind die Kollateralschäden der letzten Wochen, die ich auf Jans Seele hinterlassen habe, noch nicht wieder ganz behoben. Ich hole tief Luft, dann lege ich los. Ich erzähle davon, wie traurig es mich macht, mit ihm einen Mann an meiner Seite zu haben, der so gut wie keinerlei Emotionen zulässt. Trauer, Wut, Begeisterung, Freude, Eifersucht, Begehren, Lust – all das, was uns Menschen ausmacht, all das, was uns Mensch sein lässt, lässt Jan nicht an sich ran bzw. hält es unter Verschluss. Kontrolle bestimmt sein Leben und somit auch seine Liebe zu mir. Gegen Ende meines Monologs laufen mir nun doch die Tränen über die Wangen. Ich drehe mich zur Seite und sehe Jan direkt an:

»Ach, Schatz, ich wünsche mir einfach, dass du dein Herz aufmachst und den Kopf mal ausschaltest.«

In Jans Augen glitzert es ebenfalls verdächtig feucht. Ich bin gerührt. Über die ledernen Armlehnen hinweg greifen wir nach unseren Händen. Ein schöner Moment, und es tut gut, alles mal gesagt zu haben und zwar klaren Verstandes und ohne verbale Tiefschläge.

Der Doc ist allerdings noch nicht zufrieden. »Wie sieht es denn mit Ihrer Liebe und Nähe zu Ihrem Mann aus?«

Bevor ich auch nur anfangen kann, darüber nachzudenken, höre ich Jan antworten. »Sie ist oft sehr distanziert und kalt. Da kommt wenig.«

Die hochgezogenen Augenbrauen von Dr. Freude sprechen Bände. Ich fühle mich von Jans Worten angegriffen.

Was kann ich denn dafür, wenn Jan meistens dann kuscheln will, wenn ich mich gerade mal wieder fett fühle, einen tollen Roman lese oder aber sich das Fernsehprogramm von seiner besten Trash-Seite zeigt? Umgekehrt ist er ja auch oft wahnsinnig beschäftigt oder einfach nur zu müde.

Wieder einmal kommen wir zu der Erkenntnis: Jeder von uns will ausgerechnet dann, wenn der andere nicht will.

Wohl eine Art unterbewusste Verhütungsmaßnahme. Wahrscheinlich ist es sogar so, dass der, der augenscheinlich will, eigentlich gar nicht will und deswegen einen Zeitpunkt für sein scheinbares Werben wählt, wo er sicher sein kann, dass der andere sich auf keinen Fall werben lässt. Als ich diese These offen kundtue, nickt Dr. Freude mir zum ersten Mal an diesem Abend zu.

Und sagt schon fast fröhlich: »Tja, aber wer sich waschen will, der muss sich nun mal auch nass machen.«

Dann sieht er Jan und mich an. Immer schön abwechselnd. Erst Jan, dann mich, dann wieder Jan, dann … Anscheinend wartet er auf eine Reaktion.

Jan und ich sehen den Therapeuten aber nur fragend an. Gleichzeitig und ausgiebig.

»Ja, Sie müssen es einfach tun«, lässt sich der Doc schließlich zu einer Erklärung herab.

Na Mahlzeit, was für ein toller Rat. Genau dafür haben wir uns nach so langem Ringen entschieden herzukommen – um zu erfahren, dass wir es einfach tun müssen. Hat er denn nicht zugehört?! Wir können es nicht so einfach tun. Tausend Dinge stellen sich uns in den Weg. Innere Blockaden, falsche Augenblicke, Versagensängste und und und. Untenrum sind wir einfach nicht wie alle anderen. Verschüchterte Kinder, die nicht miteinander spielen können, weil sie sich ständig verpassen und weil sie ehrlich gesagt auch überhaupt keine Lust mehr aufeinander haben. Ich spreche meine Gedanken laut aus und ernte doch tatsächlich ein mitleidiges Lächeln.

»Dann verabreden Sie sich doch zum Spielen. Der Appetit kommst meistens beim Essen.«

Also entweder hat der Doc was im Auge oder er hat mir jetzt tatsächlich zugezwinkert.

»Auch wenn man keinen Hunger hat?« So ganz mag ich an diese Methodik noch nicht glauben.

»Probieren Sie es aus.« Eindeutig, er zwinkert.

»Ach, ich weiß einfach nicht.«

Jan, der bis dato nichts dazu gesagt hat, fällt mir höchst euphorisiert ins Wort. »Ich find es genial. Vielleicht gibt's dafür ja so was wie eine Spielplan-App.«

Tippel. Tippel. Tipp. Tipp.

Schatz, wir haben einen Termin

Wir verlassen die Therapeutenpraxis beinahe in Hochstimmung. Hat er uns eben doch tatsächlich indirekt bescheinigt, dass unsere Beziehung eine echte Chance hat.

»Gar kein so schlechter Typ, dein Herr Therapeut«, gibt Jan nun auch zu.

»*Unser* Therapeut«, verbessere ich ihn. Schließlich soll das Uns wieder mehr in den Vordergrund rücken, also fange ich doch am besten mal jetzt gleich damit an. Jan scheint meine Absichten zu erkennen und schenkt mir lächelnderweise ein paar imaginäre Fleißpunkte.

»UNSER Therapeut, stimmt.«

Wir fassen uns an den Händen und wandeln nachdenklich die Straße entlang. Schön, so ein lauer Spätfrühlingsabend. Die Luft duftet schon herrlich nach nahendem Sommer, und auch die Natur ist wohl endgültig aus ihrem Winterschlaf erwacht. Rundherum fängt alles an zu grünen.

Alle Zeichen stehen auf Neuanfang, wenn das nicht ein Zeichen ist.

»Meinst du, wir sollen weiter zu ihm gehen? Ich meine, brauchen wir noch mehr Stunden?« Jan stellt die Frage, die auch mir seit Verlassen des Ledersessels im Kopf herumgeistert. Eigentlich wissen wir ja nun, was zu tun ist. Wir müssen uns »waschen« und dabei »nass« werden. Sprich, einfach wirklich mal machen, statt immer nur über das Nichtmachen zu reden. Geredet haben wir in letzter Zeit wahrlich genug. Zwar hat uns Dr. Freude eine paartherapeutische Mindestlaufzeit von zehn Sitzungen empfohlen, aber anscheinend haben wir beide wenig Lust darauf. Paarsitzungen sind doch wirklich nur was für Paare, die in sich als Paar schon nicht mehr funktionieren und die kommunikativ gesehen unter Totalausfällen zu leiden haben. Und das ist ja bei uns eigentlich gaaaaanz anders. Trotzdem, dem Doc eine Absage zu erteilen, fühlt sich auch irgendwie an wie Handtuchwerfen.

»Wir können ja jetzt erst einmal schauen, was passiert, und wenn nichts passiert, dann melden wir uns wieder bei ihm.« Diplomatie ist mein zweiter Vorname.

Jan findet den Vorschlag gut. »So machen wir es.«

Hach, wären wir nur im Bett auch so schnell bei der Sache wie bei unseren gemeinsamen Entscheidungen. Wir überlegen selten lange hin und her, und wenn etwas mal klar ist, wird es auch so gemacht. Keine Zweifel, kein Verwerfen. Was wir sagen, ziehen wir durch. Schnell und konsequent. Ich sage nur gemeinsame Wohnung, Hochzeit, Kind – alles fast innerhalb eines Jahres auf Spur gebracht. Vielleicht war es aber genau dieses familiengesteuerte Tempo, das uns jetzt sexuell gesehen auf die Bremse steigen lässt.

Jan stupst mich von der Seite an. »An was denkst du?«

Da mir nach der anstrengenden Therapiestunde weder nach einer Diskussion noch nach weiteren tiefergehenden Analysen ist, sage ich das, was man in solchen Momenten immer sagt. »Och, nichts Bestimmtes.«

Jan ist anzusehen, dass er mir nicht glaubt, aber er hakt trotzdem nicht nach. Wahrscheinlich steht auch ihm nicht der Sinn nach Therapiefortsetzung zu zweit. Stattdessen beschließen wir, einfach noch einen trinken zu gehen. Das erste Mal seit Urzeiten. Zwar hatten wir uns noch vor der Geburt von Paul aufs Herz geschworen, dass wir auch als Eltern niemals auf unsere wöchentlichen Feier-Abende verzichten wollen, aber beim Wollen blieb es dann auch irgendwann. Dabei sind gemeinsame Abende das Salz in der Beziehungssuppe. Im Grunde sollte man würzen, was das Zeug hält. Aber der Mensch, insbesondere der verpaarte Mensch, geht einfach oft viel zu unachtsam mit den Dingen um, die ihm wichtig sind. Immer wird verschoben – doch schöne Augenblicke lassen sich nun mal nicht verschieben. Und heute Abend ist so ein Augenblick. Allerdings – da war doch noch was.

»Und was ist mit der Oma?«, frage ich wenig glücklich über meine plötzliche Gewissenseingebung. Seit Stunden schon sitzt die Schwiegermutter auf unserer Couch und wacht über den heiligen Schlaf unseres gar nicht so heiligen Sohnes.

»Ach, die hält schon noch ein wenig durch.« Jans Mitgefühl hinsichtlich seiner Mutter hält sich schwer in Grenzen. Genauer gesagt geht sie ihm im Grunde öfter mal gehörig auf die Nerven. Zu laut, zu fordernd, zu besserwisserisch, so seine Meinung über sie. Ich werde manchmal das Gefühl nicht los, dass er mich insgeheim manchmal mit ihr vergleicht und sich deswegen oft von mir angegriffen fühlt, wo ich überhaupt gar keinen bewussten Angriff gestartet habe. Erst letztens war wieder so eine Situation. Wir saßen im Auto, und er fuhr direkt in einen Stau hinein. Dezent bemerkte ich daraufhin, dass wir jetzt bestimmt nicht mehr pünktlich zum Mittagessen bei meiner Mutter kommen würden. Mehr habe ich nicht gesagt. Für Jan war das allerdings schon genug. Seiner Meinung nach wollte ich damit nur eines sagen: *Wegen dir stecken wir jetzt fest, bloß weil du immer nur auf das blöde Navigationssystem hörst, anstatt einmal deinem Gefühl zu folgen.*

Was Männer nicht immer denken, was wir Frauen denken. Natürlich hätte ich das über ihn denken können, weil es ja irgendwie stimmte, aber hätte ich das gedacht, dann hätte ich es wohl auch gesagt. Für Subtiles bin ich nämlich nicht zu haben. Und weil das so ist und ich dann natürlich auch so herrlich schön in Fahrt war, habe ich gesagt, dass es mich schon sehr wundert, dass er nach acht Jahren Beziehung immer noch nicht auswendig den Weg zu seiner Schwiegermutter kennt. Seine Antwort darauf: »Warum sollte ich, wenn es ein Navigationssystem gibt?« Tja, da beißt sich die Katze in den Schwanz. Die ganze Geschichte endete damit, dass Jan des lieben Friedens willen die »Frau aus dem Off« ausschaltete und wir prompt an der richtigen Ausfahrt vorbeigerauscht sind. Patt-Situation. Und dabei ließen wir es dann auch beruhen. Keine gegenseitigen Vorwürfe, keine weiteren Sticheleien mehr. Vor allem Jan ist großartig darin, Dinge auf sich beruhen zu lassen.

Leider aber ist er ein äußerst schlechter Kavalier. Das wird mir just in diesem Moment wieder bewusst, als mir die Tür unserer Lieblingskneipe – in der Jan soeben verschwunden ist – vor die Nase knallt. Mein »Hey« bleibt ungehört, und ich lasse es mal für heute auf sich beruhen. Ich weiß ja, welche Antwort ich mir auf eine Beschwerde einfangen würde. »So war ich schon immer, und so hast du dich doch auch in mich verliebt – also warum willst du mich jetzt umkrempeln.«

Will ich ja gar nicht, nur vielleicht ein bisschen modifizieren. Welche Frau wird nicht gerne auf Händen getragen? Aber bei Jan kommt man mit Prinzessinnen-Gehabe einfach nicht weiter.

»Was magst du trinken, Schatz?«, fragt Jan.

Da ich zwar weiß, wonach mir ist, ich aber nach der erfolgreichen freudschen Sitzung zweisam trinken möchte, frage ich einfach zurück: »Was trinkst du denn?«

Jan zuckt unschlüssig mit den Schultern und studiert zum wiederholten Male die Karte. Ich spüre, wie mich eine leichte Ungeduld erfasst. Ich persönlich gehöre zu den Menschen, die binnen von Sekunden wissen, was sie wollen. Zumindest wenn es um die Nahrungs- und Flüssigkeitsaufnahme geht. Jan hingegen verstrickt sich in innere Diskussionen, wägt ab, entscheidet halbherzig, verwirft dann wieder und ist nach zehn Minuten dort gelandet, wo er meistens landet.

»Johannisbeersaftschorle, ich nehme eine große Johannisbeersaftschorle.«

»Ach echt, also ich nehme einen Sauvignon«, gebe ich ein wenig zu schnippisch Auskunft.

Und Jan liefert mir prompt eine nüchterne Erklärung für die nüchterne Getränkewahl: »Ich möchte morgen einfach fit sein. Bei mir jagt ein Termin den nächsten.«

Das höre ich seit geraumer Zeit, und jedes Mal klingt es in meinen Ohren nach zwanghaftem Spaßverderben. Natürlich möchte ich keinen Mann, der sich fünfmal die Woche die Birne wegschießt. Aber mal ein bisschen die Handbremse lösen und mit seiner Frau auf den Neuanfang in der Beziehung anstoßen, dass wird ja wohl noch erlaubt sein.

»Ach, komm schon, wir müssen doch unsere erste Therapiestunde feiern.« Ich ziehe meine Unterlippe über die Oberlippe und wimpere ihn an.

Jan grinst. »Na gut.« Er wendet sich an den wartenden Barkeeper: »Ein Becks Green Lemon bitte.«

Gut, dass er nicht sieht, wie ich meine Augen verdrehe, sonst könnten wir gleich noch mal zurück zu unserem Doc.

Nach drei Gläsern Sauvignon, einem Becks Green Lemon und zwei Johannisbeersaftschorlen will Jan nach Hause gehen. Ich will eigentlich noch nicht.

»Noch ein Absacker«, bettle ich ihn an. Obwohl ich sehr wohl weiß, dass mir das vierte Glas Wein am anderen Tag sicherlich nicht guttut. Anders gesagt, mir wird es sehr schlecht gehen. Und wenn es mir schlecht geht, dann geht es der Welt um mich herum auch schlecht. Denn mit Kater bin ich grantig. Vorzugsweise ärgere ich mich dann über mich selbst und über meine angeborene Maßlosigkeit. Das Ganze endet dann häufig in einer übertriebenen Selbstkasteiung – nie wieder Alkohol, nie wieder was Süßes, nur noch Gemüse und Yoga –, und es dauert mindestens zwei Tage, bis ich mir halbwegs wieder verziehen habe. Was gleichbedeutend damit ist, dass ich alle ohnehin nie ernstgemeinten Vorsätze ganz schnell wieder über Bord werfe.

Jan lässt es heute jedoch nicht zu, dass ich mich selbst wieder um den Verstand trinke. Stattdessen zieht er mich wortlos vom Barhocker und sieht mich gespielt ernst an.

»Nein, Schatz, es wird Zeit zu gehen, wir haben doch noch einen wichtigen Termin.« Dazu macht er etwas, womit mich Dr. Freude zuvor schon verblüfft hat – er zwinkert mir zu.

Und ich verschlucke mich erst einmal an meinem letzten Schluck Wein. »Heute noch?«, piepse ich, als ich nach einem heftigen Hustenanfall wieder halbwegs regelmäßig atmen kann. Jans Blick ist ein klares Ja.

Auweia, damit habe ich jetzt wirklich nicht gerechnet. Meetings dieser Art wollen doch gut vorbereitet sein – oder etwa nicht?

Je näher wir unserem Zuhause kommen, umso nervöser werde ich. Geradezu hibbelig. Jan hingegen scheint wieder einmal die Ruhe in Person zu sein. Fröhlich pfeifend sieht er dem Großereignis entgegen. Das macht mich noch nervöser. Wenigstens bleibt mir noch etwas Zeit, denn erst einmal muss noch die Oma aus der Wohnung komplimentiert werden. Das gestaltet sich meist schwerer, als man meinen sollte. Erstens redet sie gerne, zweitens hat sie immer immens viel zu sagen, und drittens kann sie Steno. Letzteres führt dazu, dass sie stets den gesamten Abend in Kurzschrift auf Papier bringt, um uns einen absolut lückenlosen Bericht über Paul und ihr gemeinsames Treiben abzuliefern. Normalerweise nervt das total, heute jedoch bin ich die Aufmerksamkeit in Person und frage sogar das ein oder andere Mal nach. Jan wird immer ungeduldiger.

»Du, Mutter, deine S-Bahn fährt in zehn Minuten.«

»Ach, dann soll sie doch die nächste nehmen«, gebe ich mich wider Erwarten betont höflich.

Sie hat dann nicht die nächste, sondern die übernächste Bahn genommen. Eine geschlagene Stunde nach unserer Ankunft liegen wir endlich im Bett, und ich neste mich todmüde in meiner Bettdecke ein. Jan beobachtet mich dabei. »Sag mal, kann es sein, dass du meine Mutter absichtlich aufgehalten hast?«

»Nein, natürlich nicht«, antwortet das Unschuldslamm.

Jan überlegt kurz, ob er mir glauben kann, trifft dann offenbar eine unerwartet schnelle Entscheidung zu seinen Gunsten und schiebt seine eiskalten Füße unter meine Decke. »Na, dann ist ja alles gut«, haucht er mir ins Ohr.

Mir ist dagegen gar nicht nach Hauchen. »O Jan, bitte nimm deine Zehen weg.« Ich kann nicht verhindern, dass es mich schüttelt. Wenn ich eines nicht mag, dann seine Zehen, die sich um meine Zehen winden. Jan lässt sich nicht beirren und kramt sich immer näher an mich heran.

»Du, Schatz, was ist jetzt mit unserem Termin?«

In meinem Kopf und in meinem Unterleib stehen sämtliche Ampeln auf Rot, und trotzdem gebe ich grünes Licht. Jan knabbert an meinem Ohr, knetet meine Brust, streicht ein paarmal über meine Beine und geht dann zum Frontalangriff über. Doch irgendwie geht bei mir plötzlich noch weniger als gar nichts mehr.

»Jan, so geht das nicht.«

Verwundert rollt er von mir herunter. »Was geht so nicht? So ging es doch immer.«

Ich atme tief durch. Schließlich soll das hier ja der Startschuss zum sexuellen Neuanfang sein. Also bloß nicht aufregen und gleich losschimpfen von wegen, was das denn heißen soll: So ging es immer, und ob er mir heute beim Doc nicht zugehört hat.

Stattdessen sage ich bloß: »Ich spüre aber nix.«

»Wie, du spürst nix?« Irgendwie scheint er heute extrem schwer von Begriff zu sein.

»Jan, so erregst du mich nicht. Es fühlt sich alles so mechanisch und überhaupt nicht leidenschaftlich an.«

Ich halte die Luft an, bestimmt ist er jetzt tödlich beleidigt. Was habe ich da bloß gesagt?!

»So wie einstudiert, meinst du?«

Ich nicke. Und bin erleichtert, dass er so gar nicht die Leberwurst gibt.

»Ja, so ungefähr. Irgendwie, ja irgendwie langweilig.«

Jan atmet hörbar ein und aus. Wahrscheinlich ist er nun doch gekränkt. Warum kann ich auch nie meinen Mund halten? Haben die Frauen früher doch auch geschafft.

»Ich weiß, was du meinst«, sagt Jan. »Mir geht es ähnlich.«

Hat er das jetzt wirklich gesagt? Irgendwie bin jetzt ich beleidigt. Ihm gefällt der Sex mit mir also auch nicht mehr. Na toll, das sind ja die besten Voraussetzungen zum Waschen, um mal in Dr. Freudes Bild zu bleiben. Schweigend und traurig sehen wir uns an. Zwei Menschen, die sich lieben, aber die definitiv am Ende ihrer Weisheit angelangt sind. Das erste Mal in unserer Beziehung, dass uns sogar die richtigen Worte füreinander fehlen. Stattdessen steht da ein riesengroßes Monster zwischen uns mit einem Schild um den Hals: ER/SIE findet dich nicht mehr attraktiv. Aber das kann es doch auch nicht gewesen sein. So stimmt das doch auch gar nicht.

Ich finde als Erste meine Sprache wieder. »Vielleicht müssen wir einfach ein bisschen mutiger sein und uns doch noch mal helfen lassen.«

Jan sieht mich verwundert an. »Du meinst, doch wieder zum Therapeuten?«

»Nein, ich denke da eher an direkte Hilfe. Also mal ganz neue Wege gehen. Ein bisschen experimentieren und Dinge tun, die wir noch nie getan haben, vielleicht bringt es ja was.«

»Dinge tun, die wir noch nicht getan haben.« Jan grinst mich plötzlich schelmisch an. »Also, ich wüsste da schon was. Ist ganz einfach.«

Mir ist natürlich sofort klar, was er meint. Aber ein guter Blasebalg war ich eigentlich noch nie. Genauso wenig, wie er ein motivierter Züngler ist. Mag sein, dass wir uns dadurch einiges entgehen lassen, aber so ist es eben mit der guten alten Chemie: Entweder sie stimmt oder sie stinkt einem. Letzteres natürlich rein sinnbildlich gemeint, und überhaupt, wenn beide zu kurz kommen, dann muss sich auch keiner benachteiligt fühlen, oder?

»Nein, Jan, ich will dir keinen blasen«, zerstöre ich als Erstes mal alle seine Hoffnungen. Um sie dann behutsam wieder aufzubauen. »Ich will, dass wir uns gegenseitig wieder begehren und so berühren, dass wir innerlich explodieren vor Lust. Nur glaube ich irgendwie, dass wir das alleine nicht schaffen.«

»Aha«, kommt es trocken von der anderen Seite des Bettes.

Mehr kommt nicht, also rede ich weiter. »Ich will auch ein zweites Kind von dir, und ich will, dass es aus Lust und Liebe entsteht und nicht, weil wir den Zeugungsvorgang über uns ergehen lassen. Verstehst du?«

Ich suche in Jans Blick nach Bestätigung. Das kann man doch gar nicht *nicht* wollen. Trotzdem schweigen seine Augen ebenso beharrlich wie sein Mund. Den er dann aber schließlich doch aufmacht.

»Ich will das ja auch alles«, sagt er eher kleinlaut. »Aber ich habe auch ein bisschen Angst vor einer Enttäuschung.«

»Ich habe auch Angst, aber zusammen kriegen wir das hin – wenn nicht wir, wer dann?«

»Wenn nicht wir, wer dann!« Jan wiederholt meine Worte wie ein Mantra. Mindestens dreimal. Dann hält er plötzlich die Klappe und grinst. »Und was ist nun mit unserem Termin?«

Irgendwie muss es an diesem frivolen Grinsen liegen, jedenfalls sage ich ohne lange nachzudenken: »Du hast jetzt einen Termin.« Und dann rutsche ich doch noch eine Etage tiefer. Selbstverständlich nur mit meinen Händen …

Karnickel-Attack oder
Handwerk will gelernt sein

Ein paar Tage nach unserem Bettgespräch sitzen wir abends auf der Couch. Auf der Mattscheibe heult sich bei »Frauentausch« eine übertrieben manikürte Enddreißigerin ob der angeblich verwanzten Zustände in der ihr fremden Wohnung hysterisch die Augen aus, Jan hängt am iPad, und ich hänge meinen Gedanken nach. Plötzlich habe ich eine Eingebung.

»Jan.«

»Hm?«

»Ich weiß, was wir machen.«

Neugierig hebt mein Mann den Kopf. »Ach ja, und was?« Ich lasse eine kleine Kunstpause, dann rücke ich mit der Sprache heraus. »Tantra – wir machen einen Tantra-Kurs.« Stille auf der anderen Seite der Couch. Ein bisschen mehr Begeisterung hatte ich schon erwartet.

Stattdessen:

»Ist das nicht so wie in den Puff gehen?«

Erbost schüttle ich den Kopf. »Nein, bei Tantra geht's nicht nur um Sex, da geht's um die Liebe zum Körper und so insgesamt ums Berühren und Berührtwerden. Und zwar bis ins Herz hinein. Das ist doch genau das Richtige für uns?«

Hoffentlich schluckt Jan mein gelinde gesagt etwas löchriges Wikipedia-Wissen.

»Ich weiß nicht, Schatz …« Natürlich schluckt er es nicht. Was der Bauer nicht kennt …

»Probieren muss man aber«, komme ich ihm mit exakt den Worten, die auch unser Sohn immer von mir zu hören kriegt, wenn er mal wieder etwas grundsätzlich verweigert, nur weil er bisher noch keine Bekanntschaft damit gemacht hat.

Es ist Zeit für meinen Zusatzjoker. »Ich will einfach nicht so enden wie die Freunde von meinen Eltern.«

Jan sieht mich verwirrt an und stellt die gewünschte Frage: »Was ist denn mit denen?«

Also erzähle ich Jan, dass die beiden seit nun mehr dreißig Jahren ein Leben ohne Lust und Leidenschaft führen. Kaum war das dritte Kind geschlüpft, hat sie die Schotten dichtgemacht und ihr daraus resultierendes gefühlsarmes Dasein mit diversen Kuchenorgien kompensiert. Ihr Mann nahm es hin und irgendwann sogar mit Humor. So pflasterte er einmal vor Jahren an die Decke über dem Ehebett Post-Its, auf denen nur *Ah Ah Ah Oh Oh ooooh* stand. Damit sie den Text noch weiß, falls es mal wieder dazu kommen sollte, wie er mir damals lapidar auf meine Frage erklärte.

»So weit will ich es nicht kommen lassen, verstehst du?«

Jan schüttelt den Kopf. »Jetzt übertreibst du aber. Das ist

doch bei denen was ganz anderes. Da wollte sie doch einfach nicht mehr.«

War ja klar, dass es wieder nur an uns Frauen liegt. Meine Halsschlagader pocht.

»Vielleicht wollte sie schon, nur nicht mehr mit ihm«, kläffe ich wie ein kleiner Wadenbeißer zurück.

»Was soll mir das denn jetzt sagen?«

»Ach nichts.« Schmollend wende ich mich von ihm ab, um mich Sekunden später wieder ihm zuzuwenden. Schweigen ist einfach nicht meins. »Jetzt mal ehrlich, Jan, wir sind doch echt keine Helden im Bett, und ich glaube, bei so einem Tantra-Kurs könnten wir einiges lernen. Wie man sich wieder richtig berührt zum Beispiel.«

Jan kann es nicht fassen. »Also hör mal. Ich berühre dich ständig.« Beleidigt wendet er sich wieder seinem iPad zu.

»Schon schade, dass du das nicht bemerkst.« Den letzten Satz gibt es noch gratis für mein schlechtes Gewissen obendrauf.

Natürlich bemerke ich seine Berührungen, aber erstens bekomme ich von einem Tätschler aufs Knie noch lange keinen Orgasmus, und zweitens …

»Du bist einfach manchmal tapsig wie ein unbeholfener Teddybär«, sage ich, nachdem ich meinen Ton auf so wenig angriffslustig wie möglich heruntergeschraubt habe.

»Tapsig?«, fragt er nach, die Augenbrauen förmlich hochgerissen vor gekränkter Eitelkeit.

Ich nicke.

Er sagt nichts.

Ich sehe ihn an.

Er lässt die Augenbrauen wieder hinab. Denkt nach.

Ich lasse ihn denken. Sage nichts, um ihn nicht dabei zu

stören. Ich traue mich nicht mal, sein Gesicht zu beobachten, während er eins und eins zusammenzählt.

Irgendwann dauert es mir dann aber doch zu lange. Also senke ich demonstrativ meinen Kopf ein wenig und mache einen kindlichen Schmollmund. Der zieht eigentlich immer. »Bitte lass es uns mal versuchen«, flüstere ich und klimpere mit meinen Wimpern.

Jan verdreht die Augen, aber er lächelt. »Na gut, wir können ja mal gucken, ob wir was finden.«

Na, damit kann ich leben. *Juchuuu.* Ich umarme ihn stürmisch und haue ihm dabei das iPad vom Schoß.

Hoppella, aber wo gehobelt wird …

Die nächsten Stunden gehören der Recherche. Schließlich geht es darum, nach einem Studio zu fahnden, das unseren Ansprüchen auch gerecht wird. Gar nicht so einfach, trotz Internet. Oder wegen. Was einem da alles unter dem Begriff »Tantra« entgegenploppt, spottet wirklich jeder Beschreibung. Da begegnet man doch tatsächlich unglaublich vielen Helgas und Horsts, die versuchen, ihre Haushaltskasse mit ein bisschen magerer Berührungsperformance aufzupeppen. Das Ganze wird dann natürlich zusätzlich noch im wundervoll trashigen WordArt-Design feilgeboten. Von denen wird es wohl niemand in unsere engere Auswahl schaffen.

Schlussendlich werden wir fündig. Wir landen auf der Website eines Tantra-Studios, das in einer großen fränkischen Metropole beheimatet ist. Keine neongelb blinkenden Lüstersmileys auf der Homepage, stattdessen ein ansprechendes Einführungsvideo über die Kunst der Tantra-Massage. Jan und ich sitzen mit großen Augen davor und beobachten ein attraktives Pärchen dabei, wie es sich von Kopf bis Fuß sinnlich berührt. Dazu tönen sphärische Klänge aus dem Computer.

»Ganz schön esoterisch«, sagt Jan. Als er jedoch meinen Blick sieht, fügt er noch schnell hinzu: »Aber schön, wirklich.«

»Gut, dann mache ich da einen Termin aus, oder?«

Abwartend sehe ich Jan an, der sich seine Antwort ausgiebig überlegt. Nach einer gefühlten Ewigkeit nickt er endlich, und ich haue ihm zum zweiten Mal vor Begeisterung sein iPad vom Schoß.

Am anderen Morgen, als Mann und Kind aus dem Haus sind und mir wirklich keine Übersprunghandlung mehr einfällt, die mich vom Telefonat mit dem Tantra-Verein abhält, wähle ich die Nummer des Studios. Ein Anrufbeantworter springt an. Fast bin ich erleichtert. Etwas holprig hinterlasse ich nach dem Piepton meine Nachricht: »Ja, also hallo, mein Mann und ich würden gerne einen, ähm, äh, Partner-Massage-Kurs bei Ihnen buchen. Äh, geht das, äh …« Über den Daumen gepeilt zwanzig Ähs später ist dann alles im Kasten, und ich schwitze wie nach einem Hundertmeterlauf. Am Nachmittag erfolgt der Rückruf des Studios, und ich schwitze erneut – diesmal allerdings, weil ich gerade in der übervollen U-Bahn sitze, während mir die Dame am anderen Ende der Leitung höchst motiviert ihr erotisches Angebot erläutert. Yoni, Lingam – sie haut mit Begriffen um sich, die ich mein Leben noch nicht gehört habe. Ich sage einfach immer nur ja – mehr ist in meiner Situation nicht drin. Der Opi gegenüber im Sitz hat nämlich seine Lauscher schon auf Hab acht gestellt. Schlussendlich machen wir einen Termin für in drei Wochen aus. »Vorher sind wir total dicht«, so die Ansage von

Frau Tantra. Das beruhigt mich irgendwie. Ganz offenbar sind wir nicht an eine Hinterhofklitsche geraten.

Abends, nachdem ich Jan von der erfolgreichen Terminabsprache erzählt habe, scheint er sich tatsächlich zu freuen. Allerdings, so dämmert mir bald, wohl eher über die 21 Tage Galgenfrist …

Als wir drei sexfreie Wochen später vor dem Eingang des Tantra-Studios stehen, ist von meiner Beruhigung und Jans freudigem Lächeln nicht mehr viel übrig.

»Im Internet sah das aber besser aus«, spricht Jan aus, was ich denke. Händchenhaltend betrachten wir den hässlichen grauen Bürokomplex, der wenig Raum für erotische Phantasien lässt. Hier in dieser kühlen Tristesse, zwischen Unternehmensberater und Immobilienmakler, liegt sie also, die Welt der stimulierenden Berührungen. Na, das kann ja heiter werden. Irgendwie fühle ich mich noch nicht bereit für dieses Abenteuer, deswegen verhindere ich auch mit einem gekonnten Handkantenschlag Jans motivierten Griff zur Klingel.

»Wart doch mal, was machen wir denn, wenn sie fränkisch spricht?«

Jan grinst. »Du meinst, eine Dandra-Lehrerin?«

Ich grinse eher gequält, und Jan kapiert sofort, dass es mir hier nicht um irgendwelche dialektischen Probleme geht, sondern dass ich einfach die Hose gestrichen voll habe. Er nimmt mich in den Arm.

»Hey Süße, du musst da drin nichts machen, was du nicht willst. Das stand auch so im Netz.«

Allein die Tatsache, dass die was machen könnten, was ich nicht wollen würde, macht mir schon Angst. Aber gut, wenn wir schon mal hier sind, will ich auch keine Spielverderberin sein. Immerhin habe ich die ganze Sache angeleiert. Darum drücke ich jetzt selbst überaus ambitioniert die Klingel.

»Hallo, schön dass ihr da seid, ich bin Viktoria«, begrüßt uns die erste Tantra-Lehrerin, die wir je gesehen haben. Irgendwie kommt mir die Klangfärbung in ihrer Stimme bekannt vor. Unter ihrem scheinbaren Hochdeutsch pulsiert eindeutig was Regionales, Fränkisch ist es aber nicht. Als sie uns dann auch noch fragt, ob wir eine gute Anreise hatten, bin ich fast etwas enttäuscht über die recht unexotische Normalität dieser Frau. Dabei lässt ihr Outfit wahrlich etwas anderes vermuten. Sie trägt eine Art Mittelalterkluft und hat dazu ihre Augen tiefschwarz geschminkt. Optisch absolut nicht mein Fall, trotzdem finde ich sie auf Anhieb sympathisch, weil eben irgendwie total nett und offen und überhaupt. Aber gut, bei ihrem Job muss sie das wohl auch sein. So wirklich angekommen fühle ich mich aber trotzdem nicht, ich zupfe nervös an Jans Jackenärmel herum. Ähnlich unsicher war ich das letzte Mal bei der Geburt unseres Sohnes. Da hatte ich nämlich auch von nichts einen Plan. Meine Ahnungslosigkeit ging sogar so weit, dass ich den Kreißsaal mit den Worten verlassen wollte: »Ich glaube, ich muss mal groß.«

Ich musste natürlich nicht groß, ich musste einfach nur gebären. Peinlich war das. Die Sache mit der souveränen Frau bekomme ich einfach noch nicht so hin. Dabei wäre ich doch so gerne eine …

Druck. Verkrampfung. Druck.

Viktoria scheint zu bemerken, dass sich mein Kopf gerade querstellt, denn im nächsten Moment umschließt ihre Hand ebenso unvermittelt wie sanft meinen Arm. Das macht mich erst recht widerwillig, dennoch lasse ich mich von ihr ins Innere des Studios führen.

»Jetzt kommt erst einmal rein – ich beiße schon nicht.«

»Ja, aber wir vielleicht«, entfährt es mir.

Viktoria lacht über meinen Witz, der gar nicht witzig gemeint war, und Jans Gesicht trommelt lautlos die Botschaft, dass er sich für mich schämt. Zur Untermalung entfernt er sich einen Minischritt aus meinem Dunstkreis, dass eine emotionale Lücke zwischen uns entsteht, und flüstert in strengem Ton: »Die ist doch echt ganz nett.«

Zwischen den Zeilen lese ich: *Bitte reiß dich doch jetzt mal zusammen.* Er hat ja recht, was soll schon passieren? Außer dass gleich meine Sehnerven platzen. Orange, alles im Studio ist orange. Vorhänge, Teppichvorleger, Tücher.

»Orange steht für Optimismus und Lebensfreude«, wispert Jan mir ins Ohr. Aha, denke ich und sage: »Seit wann bist du denn unter die Farbenversteher gegangen?« Keine Ironie, wirklich nur eine Frage. Aber Jan kriegt es natürlich sofort in den falschen Hals.

»Ich interessiere mich nicht nur für Excel-Tabellen, auch wenn du das immer so hinstellst.«

Mann, ist der Mann heute aber empfindlich. Jetzt packt er auch noch diese alte Geschichte aus. Nur weil ich ihn irgendwann einmal einer Freundin als Mr. Excel-Tabelle vorgestellt hab. Gut, das war wirklich nicht sehr schmeichelhaft, aber ein bisschen Spaß wird doch erlaubt sein, auch innerhalb einer Beziehung. Abgesehen davon habe ich diesbezüglich schon genug Buße getan. Außerdem muss ich aufs Klo.

Maßgeblichen Anteil an meinem spontanen Harndrang hat sicherlich der überdimensionale Buddha – natürlich in

Orange gehüllt –, der da Wasser speiend in der Ecke thront. Unkontrolliert plätschert er vor sich hin und triggert meine Blase. Verdammt. Dass die Natur aber auch immer im windigsten Moment nach ihrem Recht verlangt. Einmal vor Jahren, als mich mein damaliger, potentieller Lebensabschnittslover nach einem Date nach Hause fuhr, musste ich auch dringend pieseln. Aber manche Männer denken ja, Frauen gehen nicht aufs Klo, und ich dachte, er wäre so einer. Ich hielt und presste, bis mir die Augen aus den Höhlen fielen. »Halt an!«, schrie ich so laut, dass er vor Schreck fast das Lenkrad verriss. Er hielt dann tatsächlich. Vollbremsung am Standstreifen der Autobahn. Finde da mal ein Gebüsch. Noch in der Hocke wurde mir klar: Das war's jetzt. War es dann auch. Noch viele Männer danach traute ich mich nur noch heimlich auf die Schüssel. Was zur Folge hatte, dass ich häufig extrem angespannt dem Ende eines sexuellen Erlebnisses entgegenfieberte. Zwick mal zusammen, wenn der Beckenboden eigentlich gerade in Fahrt kommen will.

Heute zwickt es sich Gott sei Dank noch ganz gut.

»Ist alles in Ordnung mit dir?« Besorgt sieht mich Jan von der Seite an. Viktoria streichelt mich sanft am Arm. »Das ist wohl dein erstes Mal heute?«

Ich nicke.

»Für mich auch!«, tönt Jan eilig dazwischen.

»Alles andere wäre ja noch schöner«, murmle ich nicht leise genug vor mich hin.

»Ihr beiden seid echt putzig«, sagt Viktoria mit einem sonnigen Lächeln. Frau Masseurin scheint uns zu mögen. Ist das nun gut oder schlecht?

»Kommt mit, ich zeig euch erst einmal alles.«

Jetzt fehlt es nur noch, dass sie uns an die Hand nimmt. So weit geht es dann aber doch nicht. Viktoria geht nur voraus, und wir folgen ihr wie zwei zahme Lemminge auf Museums-Trip durch ihr farbenfrohes Reich.

»Ganz schön groß, dieser Lusttempel«, raunt Jan mir zu.

»Psst«, raune ich zurück. Ich will davon nichts hören. Noch übe ich mich in erfolgreicher Verdrängung dessen, was jetzt bald folgen wird. Leider vergeblich. Zwar kann man das Gehirn auf Stand-by schalten, die Augen aber leider nicht. Vor allem meine neugierigen zwei nicht. Sie entdecken einen abgedunkelten Raum, auf dessen Boden eine offensichtlich benutzte Matratze und allerlei zerwühlte Laken liegen.

»Sorry, dass es hier noch so aussieht. Ich hatte gerade einen Kunden, der war ein bisschen wild.«

Viktoria gluckst. Sie gluckst wirklich. Schlagartig werde ich krebsrot im Gesicht und zupfe erneut nervös an Jans Jackenärmel herum. Der nimmt meine Hand und hält sie ganz fest. »Denk dran, du musst nichts tun, was du nicht willst, Schatz.« Das klingt allerdings, als wollte er mehr sich als mich beruhigen.

Viktoria deutet auf eine Tür und sagt: »Wenn ihr noch kurz in unserem Wartezimmer Platz nehmen wollt. Ich hole euch dann gleich.«

Etwas unschlüssig bleiben wir stehen. Was uns wohl im Wartezimmer eines Tantra-Studios erwartet, frage ich mich und mache mich auf allerhand gefasst. Unnötigerweise. Denn kaum hat Jan mutig die Tür geöffnet, sehe ich, dass uns nur ganz weltliche Dinge wie frisches Selters, Rattan-Sessel von Ikea und Hanuta erwarten. Ich atme durch. Wenn man es genau nimmt, atme ich sogar das erste Mal seit Betreten dieses Ortes.

Jan schnappt sich erst einmal eine Schokowaffel. Verständnislos blicke ich ihn an. »Dass du jetzt was essen kannst!«

»Warum denn nicht?«, kommt es prompt ebenso verständnislos zurück. »Man braucht doch was im Magen«, fügt er noch hinzu.

»Du hörst dich an, als stünden wir kurz vor einer Bergbesteigung«, höhne ich.

»Hat doch auch was mit Gipfelsturm zu tun, oder?«

»Jaaaaan!«

Um weiteren humoristischen Attacken aus dem Weg zu gehen, stecke ich meine Nase in ein eindeutig als Gästebuch tituliertes Heftchen. Die Seiten sind voll mit Lobpreisungen. Sonderbarerweise alle von Männern und sonderbarerweise alle mit extrem zittriger Handschrift verfasst. Also entweder waren die Schreiberlinge alle an Parkinson erkrankt, oder sie hatten kurz vor der Niederschrift ein besonders aufwühlendes Erlebnis. Mein Mann sieht mir über die Schulter.

»Die waren ja alle echt erregt.«

»Jaaaan!«

Er grinst, doch dann fällt sein Blick auf die Preisliste, die an der gegenüberliegenden Wand hängt. Sagen wir mal so: Ihm entgleisen die Gesichtszüge ein wenig.

»380 Euro kostet der Spaß, hast du das gewusst?«

Natürlich habe ich, aber ich zucke lieber mal unverbindlich die Schulter.

Im nächsten Moment öffnet sich die Türe, und Viktoria schneit in neuem Outfit herein. Sie trägt jetzt so eine Art Miniaturausgabe eines Strandkleides, und ihr langes Haar fällt ihr wallend ins Gesicht. Sie ist nicht im herkömmlichen Sinne schön, trotzdem hat sie eine wahnsinnig faszinierende Ausstrahlung. Während ich mich noch ausstrahlungsärmer fühle als sowieso schon.

»So, meine Lieben, jetzt geht es erst einmal unter die Dusche.« Sie lächelt uns breit an, bevor sie neckisch hinzufügt: »Das schafft ihr noch alleine, oder?«

Und ob. Wir duschen, was das Zeug hält. Minutenlanges Dauershowern. Ein klassischer Fall von Zeitschinden. Aber die gute Viktoria lässt sich durch solche müden Tricks natürlich nicht aus dem Konzept bringen. Lautstark, aber gelassen klopft sie an die Tür. »Wenn ihr dann bitte mal langsam fertig werdet.«

Schade, dabei hätte ich jetzt gerne noch ein fünftes Mal meine Haare gewaschen. Jan und ich steigen zeitgleich aus unserer jeweiligen Nasszelle und treffen uns triefend auf dem Badvorleger, wo wir uns jeder selbst abtrocknen, statt uns quasi als Tantra-Vorspiel gegenseitig abzurubbeln. Zwar sind wir beide nackt und uns sogar ziemlich nah – ist ja nicht so groß so ein Badvorleger –, aber echte Erotik sieht anders aus.

Und wirkliche Begeisterung hört sich auch anders an als Jans Anfeuerungsruf: »Also, hilft ja nix«, sagt er schulterzuckend und schlüpft in den bereitliegenden orangefarbenen Bademantel und die coolen Flip-Flops.

»Nee, hilft wirklich nix«, nuschle ich und schlüpfe in den bereitliegenden orangefarbenen Bademantel und die weit weniger coolen güldenen Plastiktreter mit Absatz. So was ist echt nicht mein Fall. Ich gehöre einfach nicht zur Dämchenfraktion, sondern bin eher eine Prinzessin fürs Grobe. Camilla statt Catherine, wenn man so will. Schon als kleines Mädchen griff ich eher zur Jeans als zum rosa Kleidchen. Verleugnung der Weiblichkeit, würden die Psychologen sagen – und ja, sie haben natürlich auch recht damit. Wo keine Weiblichkeit, da droht auch keine Gefahr durch überaus ambitionierte Männlichkeit. Früher war ich der Meinung, Männer wollen immer nur das Eine, und das fand ich total doof. Seit ich Jan kenne, weiß ich, dass das nicht so ist, und auch das finde ich mittlerweile total doof. Ein Mittelweg muss her. Und dieser Mittelweg führt uns jetzt geradewegs in die Arme von Tantra-Viki.

»Na, dann kommt mal.« Fröhlich geht sie uns voraus, und wir schlurfen wie Delinquenten hinter ihr her, direkt in den Raum, wo sich vor Stunden noch der »Wilde« ausgetobt hat. Allerdings sind jetzt alle Spuren beseitigt, und dem Geruch nach zu urteilen wurde auch alles einmal kräftig durchgeräuchert.

Am Boden brodelt es aus diversen Stövchen, und eine Armada von Kerzen brennt sich die Seele aus dem Leib. Während Viktoria letzte Vorbereitungen trifft, machen sich bei mir erste Anzeichen einer Entspannung bemerkbar.

»Irgendwie gemütlich, oder?«, frage ich Jan, der neben mir steht und sich die Nase zuhält.

Jan und seine Abneigung gegen alles, was duftet! Nicht mal auf Aftershave steht er. Ich schon. Immer wenn unser Nachbar von gegenüber das Haus verlässt, hänge ich Sekunden später im Flur und strecke die Nase so lange in die Luft, bis ich sämtliche noch in der Luft schwebenden Duftpartikelchen eingesogen habe. Jan ist diesbezüglich leider nicht zu überzeugen.

Genauso wenig wie mich jetzt die Creme und Öl-Auswahl überzeugt, die ich da vor mir erblicke. Was meine Haut betrifft, bin ich nämlich eigen. Da steh ich auf Luxus. Gemäß dem Motto: Nur teuer wirkt. Bevor ich mich allerdings weiter in mein dermatologisches Problem hineinsteigern kann, fällt mein Blick auf etwas, das ich bis dato nur in den Händen unserer Putzfrau gesehen habe.

»Guck mal, Jan, da ist ein Staubwedel.«

Jan folgt meinem Blick. »Was kann man denn damit Tantramäßiges machen?«, will er wissen. Ich zucke ahnungslos mit den Schultern. Die Dame des Hauses ist hier der Profi, sie wird schon wissen, was sie damit tut. Aber im Himmel noch mal, was will sie mit dem Kaninchenfell, den Schuhsohlen, einem Kopfkratzer und der Arztspritze?

»Spürt ihr auch die Energie zwischen uns?«

Ach nee, Viktoria, das ist kein guter Einstieg. Interessiert sehe ich zu meinem Schatz, wie der das Gesagte jetzt wohl aufnehmen wird. Mit Gerede über wie auch immer geartete Energie hat er es nämlich nicht so. Für ihn ist die Luft in einem Raum entweder gut oder schlecht. Sollte Letzteres der Fall sein, wird ein Fenster aufgerissen. Aber jetzt hält er sich wacker und grinst nur schief. Viktoria nimmt das als Zustimmung.

»So, dann wollen wir uns mal ausziehen.« Erst denke ich, sie meint das pädagogische »Uns«, das man ja aus dem Kindergarten oder vom Altersheim kennt. Doch dann schlüpft sie wie selbstverständlich aus ihrem Umhang und steht Millisekunden später im Eva-Kostüm vor uns. Damit hatte jetzt wirklich keiner gerechnet. Stumm starren Jan und ich sie an. Sie macht eine wirklich gute Figur, das muss ich neidlos anerkennen. Na ja, das mit dem neidlos klappt nicht so ganz. Vor allem ihr Busen ist ein Wunderwerk der Natur. Perfekt geformt und schön groß. Gut, der Warzenhof ist ziemlich ausladend, aber sonst – 1a oder besser gesagt 85 B.

Ich denke an meinen eigenen Vorbau und falle aus dem Stand heraus in einen Komplex. Die Worte meiner Mutter kommen mir wieder in den Sinn. »Kind, wenn einmal ein Bleistift unter deiner Brust hält, dann weißt du, dass sie hängt.« Mittlerweile passt ein Edding drunter. O Gott, nein. Ich will mich nicht nackt machen, ich bin selten ganz nackt. Ich bin von der Sex-im-Dunkeln-Fraktion. Ich bin …

»Du bist hier für ein besonderes Erlebnis«, höre ich Tantra-Viktoria sagen, als hätte sie meine vollkommen lautlosen Gedanken gehört.

»Glaube mir, du wirst es nicht bereuen.«

Unbemerkt ist Viktoria an mich herangetreten und nimmt mich in den Arm. Ein komisches Gefühl, so viel nackte fremde Haut. Aber auch irgendwie schön. Geborgenheit – ja, ich fühle mich tatsächlich geborgen. Und das in den Armen einer Frau, die ich noch nie zuvor gesehen habe. Viktoria winkt Jan heran, und dann stehen wir eine Zeitlang zu dritt da und halten uns ganz fest. Die Frau hat ihre Klienten wirklich im Griff. Kann man nicht anders sagen.

Schlussendlich lassen auch Jan und ich die Hüllen fallen. Verschämt stehen wir uns gegenüber und halten Händchen. Seltsam, da kennt man sich nun so lange und kann sich doch nicht wirklich in die Augen sehen. Viktoria löst diesen abstrakten Moment auf, indem sie geradeheraus fragt, wer von uns beiden zuerst auf die Matte will.

»Sie will«, schießt es wie aus der Pistole aus Jans Mund. Ich hatte nicht den Hauch einer Chance, das Gegenteil zu behaupten. Ich denke »Du Arsch« und sage erst einmal nichts mehr. Muss ich auch nicht, denn Viktoria erteilt nun Jan das Wort. Er soll sich für mich etwas für die kommenden eineinhalb Stunden wünschen. Das scheint gar nicht so einfach zu sein. Jan sucht krampfhaft nach der richtigen Formulierung. Sicherlich wäre ihm jetzt eine Vorstandspräsentation lieber, da könnte er sich wenigstens durch die gut durchdachte Powerpoint-Präse hangeln. Aber frei Fall was Tiefsinniges – das ist nicht mein Mann. Fast tut er mir leid, zumal es auch keine Hosentaschen gibt, wo er seine verschwitzten und nervösen Hände verstecken kann. Eine gefühlte Ewigkeit stehen wir also da, bis es endlich aus Jan herausplatzt. Na ja, sagen wir herauströpfelt.

»Schatz, ich wünsche mir für dich, dass du mal so richtig loslassen kannst. Also locker bleibst und so.«

Es ist keine Liebes-Ode wie aus der Feder eines großen Dichters, trotzdem bin ich gerührt, denn ich wünsche mir genau dasselbe: endlich den verfluchten Kopffunk auszuschalten und die Gefühle an. Also die erwünschten, nicht das Scham-, Schuld- oder Minderwertigkeitszeug. Das Daumen-Hoch-Zeichen im Anschluss an seine Worte hätte Jan sich allerdings sparen können. Aber so ist er halt – und war er schon immer. Romantisch wie ein Ziegelstein, ist mein letzter Gedanke, als ich verschüchtert und unsicher meinen Kopf vor Viktorias Schoß auf die Matte bette.

»Fass mal meine Brust an.« Ohne eine Antwort abzuwarten, drückt sie mir ihre weichen Dinger in die Hände. Wow, am liebsten würde ich sofort wieder loslassen. Aber dann würden die Geschosse ungebremst in meinem Gesicht landen, und alles vermag ich wirklich nicht zu verkraften. Ich schließe die Augen und hämmere intern auf mein Gehirn ein: *Kopf aus. Kopf aus. Kopf aus.* Hilft natürlich nichts.

»Und, spürst du deine Yoni?« Schon wieder diese Yoni. Ich reiße die Augen auf und sehe Viktoria irritiert an.

»Was ist eigentlich eine Yoni?«, will ich dann doch endlich mal wissen. Meine Frage scheint Viktoria zu überraschen. Wenig später weiß ich auch, warum. Yoni und Lingam sind Sanskrit-Begriffe für die zeugungstechnisch wichtigsten Körperteile von Mann und Frau, also Pimmel und Mumu. Gut, da hätte ich auch selber draufkommen können.

Yoni gefällt mir, das klingt so weich und liebevoll. Nicht so hart und kühl wie Vagina und auch nicht so dämlich wie Muschi. Bei Lingam bin ich mir noch nicht ganz so sicher. Hört sich eher an wie ein asiatischer Vorname.

Grübel. Grübel. Grübel. Mein Geist hält einfach nicht still. Und das macht mich langsam sauer. Ich wollte doch heute endlich mal SPÜREN.

Lass los, lass los, lass los. Während ich krampfhaft mein Meditations-Mantra im Kopf rezitiere, ist Viktoria in einen illustren Plauderton verfallen und unterhält sich mit Jan. Ich höre nur mit einem Ohr zu, um meine Körperwahrnehmung zu steigern. Doch dann hört das eine Ohr: »Also, ich bekomme ja schon einen Orgasmus, wenn man nur meine Brust berührt.« Da habe ich – flatsch – dann doch noch losgelassen.

Die vierhändige, ölschwere Ganzkörpermassage, bei der Jan mir das Kaninchenfell über den Rücken zieht, ist dann aber tatsächlich sehr angenehm, und ich werde innerlich ruhiger. Fast schlafe ich ein.

»So, Jan, jetzt zeige ich dir mal, wie man die Yoni massiert. Siehst du hier, sie besteht aus verschiedenen Schichten.«

Zack, bin ich wieder hellwach und sehe durch die Augenwinkel, wie Jan an der Unterseite meines Körpers neben Viktoria Platz nimmt und gespannt seinen Blick auf meine ganz persönliche Yoni richtet. Ich komme mir vor wie im Anatomieunterricht. Einziger und absolut fataler Unterschied: Ich selbst bin der breitbeinige Frosch, der da zappelnd auf dem Rücken liegt und um sein Leben bangt. Krampfhaft versuche ich meine Beine zu schließen, aber Viktoria sitzt wie ein fleischgewordener Zementblock dazwischen und schaufelt sich durch meinen Unterleib. Keine Chance zur Flucht.

»Nicht verkrampfen«, weist sie mich sanft zurecht, während sie ihre flinken Fingerchen durch den Zauberwald meiner Weiblichkeit wandern lässt.

»Versuch ich ja«, presse ich hervor.

»Psst! Nicht reden, einfach nur fühlen.«

Tja, das sagt sich so einfach, wenn einem selbst schon beim Berühren des kleinen Fingers einer abgeht.

»Ich fühle aber nichts«, sage ich unfreundlicher als gewollt.

Viktoria streichelt mir beruhigend übers Bein.

»Du setzt dich viel zu sehr unter Druck. Denk lieber dran: Nichts muss, aber alles kann. Alle streben immer nach dem großen Ziel, dabei kann der Weg dorthin auch sehr schön sein.«

Ich fühle mich total ertappt und gleichzeitig auch irgendwie beruhigt. Es gibt noch Hoffnung, man muss sie nur zulassen können. Welch angenehmer Gedanke. Viktoria stellt zum Abschluss der Session eine Klangschale auf den Bauch und lässt es einmal kräftig gongen. Vibrationsalarm im Körper – das hab ich jetzt doch tatsächlich mal gefühlt.

»Danke«, flüstere ich und rapple mich hoch.

Viktoria hält mich zurück.

»Moment, jetzt zeige ich euch noch, wie ihr auch zu Hause ganz leicht den G-Punkt findet.«

»Das wollte ich schon immer mal wissen«, gesteht Jan bereitwillig und ist sichtbar ganz Ohr. Ich ehrlich gesagt auch. Ist ja nicht so, dass ich noch nie davon gehört hätte, aber: Was hat man schon von den ungefähren Koordinaten?

Viktoria erklärt uns das Ganze anhand einer fingerfertigen Trockenübung. Als ich sie dabei beobachte, wird mir schlagartig klar, warum dieser sagenumwobene Flecken weiblicher Erde wohl seit Urzeiten das bestgehütete Geheimnis im Körper einer Frau ist. Denn wie zum Teufel sollen die Männer etwas finden, das anatomisch dermaßen verquer liegt, im Grunde unerreichbar für das männliche Beischlafinstrument? Oder seit wann lässt sich ein Penis knicken wie die Extremitäten einer Barbiepuppe? Eben. Na ja, wir werden zu Hause einfach üben üben üben. Zumindest nehme ich mir das fest vor. Oder ist das jetzt schon wieder Druck? Hm.

»Darf ich jetzt?« Jan reißt mich aus meinen Gedanken, er kann es anscheinend gar nicht mehr erwarten. Sein Herbert auch nicht, wie man deutlich erkennen kann.

Die Zeremonie beginnt von vorne, nur mit vertauschten Rollen. Dieses Mal fällt das In-die-Augen-Schauen erstaunlicherweise gar nicht mehr so schwer. Irgendwie scheine ich doch etwas offener geworden zu sein. Ich wünsche Jan das schönste Erlebnis seines Lebens – und korrigiere mich sofort: »Nein, das Zweitschönste!« Er lächelt mir zu und sieht mir noch fester in die Augen. Und ich stürze mit meinem liebevollen – und besitzergreifenden – Blick förmlich in sie hinein, damit er bloß nicht vergisst, an wen er gleich zu denken hat, wenn es ihm an den Lingam geht.

»Ich liebe dich, Schatz«, säuselt er mir noch zu, bevor er sich auf die Matte legt. Was für ein *Magic Moment*. Leider zerstöre ich ihn wenig später. Schuld daran sind zwei flauschige Einlegesohlen, die mir Viktoria in die Hand drückt.

»Was soll ich damit?«, frage ich sie. Schweigend nimmt sie mir die Dinger aus der Hand und zeigt es mir. Sie drischt damit auf Jans Rücken ein. Ich kann nicht anders und breche in wieherndes Gelächter aus. Mal ehrlich, von Peitschenhieben habe ich ja schon gehört, aber dass auch Schuhsohlen aus dem Drogeriemarkt zur Befriedigung herangezogen werden … Vor meinem geistigen Auge sehe ich eine in Lack und Leder gehüllte Domina auf ihrem sich windenden männlichen Opfer reiten und höre ihn schreien: »Ja, gib's mir Baby, gib's mir«, und sie haut ihm dann zur Strafe Wintereinlegsohlen in Größe 45 um die Ohren. Ich wiehere erneut los.

»Mann, Schatz, beruhige dich bitte mal wieder«, sagt Jan und sieht mich vorwurfsvoll an.

»Vielleicht machen wir einfach mit was anderem weiter.« Viktoria ist wirklich durch nichts aus der Ruhe zu bringen. Sie lässt mich noch einen Moment prusten und Luft holen, dann soll ich Jan die Schläfen massieren, während sie dazu übergeht, ihm etwas anderes zu massieren. Jesus – irgendwie sieht mir das verdächtig nach Sehnenscheidenentzündung aus, was die da mit Jans Lingam treibt. Aber man kann sagen, was man will, ihr Handwerk versteht sie. Veronika hantiert herum, als wäre es ihre letzte Tat auf Erden. Sie ölt, sie matscht, sie knetet, sie zieht und sie zerrt. Jan scheint das Ganze sichtlich zu genießen und wirkt schon nicht mehr ganz im Diesseits.

Ab und an huscht sogar ein – gelinde gesagt – grenzdebiles Lächeln über seine Lippen. Ich finde das spannend. Schade nur, dass man diese Flitsch-Geräusche nicht abschalten kann. Klingt eher unfein als geschmeidig. Aber das scheint nur mich zu stören.

Plötzlich, wie aus dem Nichts, stöhnt Jan laut auf, windet sich, bäumt sich auf, und eine Art Beben durchfährt seinen ganzen Körper. Dann Ende und Stille. Was war jetzt das?

»Mein Gott ist der tantrisch. Beim ersten Mal schon einen Ganzkörperorgasmus. Unglaublich!«

Viktoria wirkt ehrlich überrascht, was Jans Reaktion auf ihre Berührungskünste angeht. Ich für meinen Teil weiß jetzt, dass bei einem Ganzkörperorgasmus nicht zwangsläufig der edle Saft zu fließen beginnt, und das hat mich dann fast noch mehr fasziniert. Jan öffnet die Augen und lächelt mich verklärt an.

»Wahnsinn, Schatz, das war Wahnsinn.«

»Das hat man gesehen«, antworte ich nicht ganz frei von Neid und Missgunst und …

Viktoria geht zur Tür. »Ich lass euch jetzt mal ein wenig allein, viel Spaß.« Dann zwinkert sie uns zu und entschwindet unserem Blickfeld.

»Ich glaube, die denkt, dass wir jetzt …«, mutmaße ich.

Jan nickt schwach. »Aber ehrlich, Schatz, ich kann jetzt nicht mehr.«

»Sie hat ja auch das Letzte aus dir rausgequetscht«, gebe ich mich versuchsweise witzig. Jan streichelt mir über die Haare und fragt, ob ich enttäuscht bin.

Ich schüttle den Kopf. »Nein, nur ein bisschen traurig. War halt mein und dein Erlebnis – nicht unseres.«

Jan nickt verständnisvoll. »Stimmt, aber keiner außer uns würde doch so was machen.« Das stimmt nun auch wieder. Im Grunde also doch unser Erlebnis.

»Warst du eigentlich keinen Moment lang eifersüchtig?«, fragt Jan und sieht mich prüfend an.

»Ich doch nicht«, kommt es nur halb ehrlich aus meinem Mund. »Also jedenfalls nicht so eifersüchtig wie ...«

Wir sehen uns an, und dann prusten wir los. Beide denken wir nämlich an ein befreundetes Pärchen, bei dem weder sie noch er mit krankhafter Eifersucht geizt. Das hätte was gegeben. Ein wahres Tantra-Massaker. Wir sitzen nackt da und lachen uns fast zum Orgasmus, jedenfalls fühlt sich der zweisame Lachkrampf wunderbar befreiend an. Wir wälzen uns sogar auf der Matte, allerdings wie Kinder, die nicht ins Bett wollen, statt wie Erwachsene, die nicht wieder raus wollen. Dann, als wir uns langsam wieder einkriegen, guckt Jan plötzlich ganz ernst.

»Das Leben ist echt schön mit dir«, sagt er.

Gerührt grapsche ich nach seiner Hand. »Das Leben mit dir auch.«

Eher Rosamunde-Pilcher-kitschig als sexuell entfesselt das Ganze, aber es fühlt sich toll an.

Jan zieht mich nahe an sich heran. »Vielleicht war das heute nicht ganz das Richtige für uns beide, aber es gibt bestimmt noch viele andere schöne Dinge, die wir mal ausprobieren sollten.«

Überrascht sehe ich ihn an.

»Du willst weitermachen?«

»Klar, jetzt erst recht, oder?«

Vollkommen sprachlos glotze ich ihn an. Was doch so ein

bisschen professionelle Lingam-Liebelei alles bewirken kann. So locker und ausgelassen, ja geradezu euphorisch habe ich Jan selten erlebt. Quatsch: selten. Noch nie.

Es versteht sich von selbst, dass auch ich bereit bin, die Suche nach dem ultimativen Leidenschaftskick fortzusetzen.

Wir besiegeln unser Vorhaben mit einem Kuss und werden dabei von Viktoria überrascht. Sie grinst wie ein Honigkuchenpferd und verliert vor Begeisterung doch glatt die Kontrolle über ihr antrainiertes Hochdeutsch.

»Des isch unglaublich, was mir drei für a tolle Energie ghabt ham, gell? Wenn ihr mir no was ins Gäschtebuch schreiben würdets ...?«

Ach nee, eine Schwäbin ...

Wühltisch-Erotik

Eine Woche nach unserem Tantra-Exkurs kommt Jan abends mit leuchtenden Augen nach Hause und wedelt mit einem nicht minder leuchtenden knallroten Flyer vor meinen Augen herum. »Guck mal, Schatz, was heute unterm Scheibenwischer klemmte«, frohlockt er. Ich greife mit spitzen Fingern danach, denn schon von weitem strahlt mir jede Menge nackte Haut entgegen, und das Design ist wenig ansprechend. Aus der Nähe kann ich lesen, dass der schlecht kopierte Wisch zu einer Erotikmesse einlädt. Auf meinen fragenden Blick hin erfahre ich, dass Jan da hinwill, und zwar heute noch.

»Ich weiß nicht, Jan, was sollen wir denn da?« Für meinen Geschmack kommt das Angebot doch ziemlich anrüchig daher.

Jan sieht mich an wie ein Bus mit Standlicht. »Na, gucken und uns inspirieren lassen.«

Irgendwie werde ich das Gefühl nicht los, dass Jan unser

intimes Problem angeht wie seine beruflichen Projekte. Bestimmt hat er mittlerweile schon einen Ordner zum Thema »Ehelicher Beischlaf« angelegt. Wichtigste Kategorie: Fehlermeldungen – Was muss ich tun, wenn … Wahrscheinlich gibt es hierzu bald ein Brainstorming in seiner Agentur. Zuzutrauen wäre ihm das. Jan liebt Gedankenstürme in großer Runde.

Ich hasse sie. Weshalb ich schon in der Schule stets lieber die Klappe hielt. Zu viel Versagensangst und zu wenig Vertrauen ins eigene Können. Beides zieht sich bis heute durch mein Leben und macht natürlich auch vor dem Bett nicht halt. Auf den Punkt gebracht: Ich halte mich für eine miserable Liebhaberin und habe keine Ahnung, wie jemals aus mir ein Profi werden soll. Man bekommt ja auch nie wirklich Antworten – nicht einmal von guten Freundinnen –, wie man was am besten macht oder lieber bleiben lässt. Schon Dr. Sommer hat mich diesbezüglich gerne im Stich gelassen. Meine sexuellen Bildungslücken kamen dann ausgerechnet an meinem Junggesellinnenabschied ans Licht. Als ich beim Scharade-Spiel den Begriff Cunilingus pantomimisch erklären sollte, kam ich gehörig ins Schwitzen. Natürlich wusste ich, dass es was Schlüpfriges sein musste – hallo, es war ein Junggesellinnenabschied! –, also räkelte ich mich einfach ein bisschen auf dem Sessel herum und ließ hin und wieder mein Becken zucken. Die fragenden Gesichtsausdrücke meiner Mitspielerinnen werde ich nie vergessen. Irgendwann brach es dann aus mir heraus: »Mann, ich weiß doch gar nicht genau, wie das geht. Hab ich doch noch nie gemacht.« Pause. »Oder erlebt.«

Ich hatte die Lacher auf meiner Seite und später am

Hochzeitsabend noch einmal. Da zückte nämlich eine meiner sogenannten Freundinnen plötzlich ihr Handy und führte ein kleines Filmchen vor, das sie heimlich gedreht hatte. Mit mir in der Hauptrolle. Na ja, vielleicht sollte ich doch ein wenig meinen Horizont erweitern.

»Also gut, gehen wir hin. Aber ich geh vorher noch zum Yoga.«

»Cool.« Der Mann freut sich, was wohl auch daran liegt, dass endlich mal ein Vorschlag von ihm ohne große Widerworte von mir akzeptiert wird.

Unsere momentane Suche nach dem sexuellen Kick hat uns tatsächlich wieder ein bisschen näher gebracht. Zwar noch nicht ganz nahe, aber immerhin so, dass wir beide gemeinsam auf ein großes Ziel hinarbeiten. Und diesem Ziel widme ich dann auch gleich meine nun folgende Yogastunde. Ich denke neunzig Minuten nur an geilen, hemmungslosen Sex, bekomme bei der Meditation ein feuchtes Höschen und bin so was von bereit für die Erotik. Verschwitzt, total heiß und völlig Om Shanti mache ich mich wenig später auf den Weg zu Jan.

»Erotikmesse?« Der Taxifahrer dehnt den Begriff ungläubig in die Länge und sieht mich dabei an, als wäre ich die Reinkarnation der heiligen Mutter Maria, die ihm soeben offenbart hat, dass dieses ganze Jungfrauengequatsche nur ein gut durchdachter PR-Gag war. »Sind Sie sicher?«, hakt er tatsächlich nach.

»Ja, aber ich bin da eh nur zur Recherche für einen, ähm, Artikel.«

Der Taxifahrer lacht. »Ja genau, das sagen sie alle.«

Mal sehen, wer *sie alle* so sind, denke ich und bin mir plötzlich gar nicht mehr so sicher, ob das Ganze wirklich so eine gute Idee ist.

Als wir wenige Minuten später vor den Toren der Messe halten, hat sich meine Vorfreude bereits von mir verabschiedet, und mein Höschen ist wieder furztrocken.

»Na, wollen Sie immer noch?« Der Taxifahrer sieht mich zweifelnd an. Ein Blick nach draußen genügt, um mich zu vergewissern, dass mich hier kein exklusives Ambiente à la IAA oder CeBit erwarten wird. Gerne hätte ich gesagt: Kutscher, dreh um, aber da entdecke ich Jan, der etwas verloren am Eingang steht. Irgendwie sieht er einsam und verletzlich aus. Plötzlich spüre ich einen dicken Kloß in meinem Hals und will nur noch zu ihm. Stürmisch springe ich aus dem Taxi und Jan in die Arme. Dieses yogische Herzöffner-Zeugs und die Hüftöffner haben es manchmal echt in sich.

»Schatz, ist alles gut?« Mein Mann ist sichtlich überrascht von meinem spirituell forcierten Überschwang.

»Alles gut«, sage ich. »Ich würde nur lieber doch gleich nach Hause gehen.«

Jan sieht mich enttäuscht an. Aber nur einen Moment lang, dann wird sein Blick entschlossen: »Nee, kommt nicht in Frage. Kneifen gilt nicht, wir ziehen das jetzt durch.«

Wow, denke ich, so kenne ich ihn ja gar nicht. Ihm scheint das wirklich wichtig zu sein. Wenn das kein Grund ist nachzugeben. Ich muss ja nicht gleich hüpfen vor Begeisterung.

»Na gut, aber nur kurz«, sage ich und nehme mir vor, ganz tapfer zu sein. Jan nickt und entert sofort das Messegelände, das schwer nach Rotlichtviertel aussieht. Ich dackle wie ein verschüchtertes Kleinkind mit großen Augen hinter ihm her. Die richte ich allerdings stur nach unten, wie als Kind in der

Geisterbahn, in die ich auch immer nur reingegangen bin, um ausgiebig wegzugucken.

Hier lohnt sich das Weggucken, auch wenn einen keine Kunststoff-Skelette, schleimige Pappmaché-Monster oder blutverschmierte Wabbelpuppen am Galgen erschrecken. Obwohl: Monströs und wabbelig und aus Kunststoff ist das meiste hier, dem ich nicht rechtzeitig meine Blicke entziehe, auch. Meine düstere Vorahnung wird eher noch übertroffen. Das Ambiente ist schlicht und ergreifend grauenhaft. Ein schmierig-schmuddliger Budenzauber, inszeniert mit wenig Gefühl und noch weniger Herz. Von Liebe keine Spur. Hier geht es wirklich nur um das eine: höher, schneller, weiter. Und – was die Imitate des männlichen Geschlechtsorgans betrifft – vor allem länger und breiter. Als uns nach wenigen Metern die dritte aufgespritzte, exorbitant silikonisierte, ölglänzende und natürlich bekleidungsfreie Hostess-Blondine touchiert, reicht es mir.

»Du, Jan, das hier sind wir doch nicht.«

»Nein, Schatz, natürlich sind wir das nicht. Aber es ist doch mal ganz lustig. Ein bisschen wie auf dem Volksfest oder beim Fasching.«

»Nur dass da nicht überall Pornodarsteller rumlaufen und einen Plastikphallus schwingen«, schnaube ich. Sein Beruhigungsversuch in allen Ehren, aber ich kann zum Beispiel nichts Lustiges dabei finden, wenn sich Frauen vor den Augen alter ekliger Lüstergreise und achtzehnjährigen Ey-Alter-Guck-Mal-Halbstarken mit wuchtigen Riesen-Dildos gegenseitig ihren Venushügel malträtieren. »Sieh dir das doch mal an, das ist ja total erniedrigend.«

Jan folgt meinem Blick und zuckt mit den Schultern. »Das

ist doch nur ihr Job, die werden dafür bezahlt, dass sie sich angaffen lassen. Wahrscheinlich machen sie sich noch einen Spaß daraus.«

Soll ich mir jetzt vorstellen, dass die auf lasziv machenden Nymphomaninnen in Wirklichkeit intelligente, aufgeklärte Frauen sind, die uns Messebesuchern nur sozialkritisch einen Spiegel vorhalten oder uns mit ironischer Übertreibung ermutigen wollen, sexuell offen zu sein?

Meine Antwort ist eindeutig: Ich glaube, es hackt! Mag der Mann ob der optischen Reizüberflutung auch seine kritische Distanz verlieren, aber dieser bunte Pimmel-und-Muschi-Zirkus ist verklemmter, als ich mich meistens fühle.

Ich weiß, ich bin empfindlich, wenn es um die Würde der Frau geht. Wie damals, als Jans Hand, während ich gerade am Herd stand, direkt und ohne Vorwarnung, dafür aber mit voller Absicht auf meinem Po landete. Das Donnerwetter, das diesem sexistischen und machohaften Akt folgte, war nicht von schlechten Eltern. Was auch zur Folge hatte, dass es sehr lange dauerte, bis mir klar wurde, dass Jan mich keinesfalls meiner weiblichen Würde berauben wollte. Er fand nur meinen Hintern in diesem Moment wahnsinnig sexy. Ob es heute immer noch so ist – keine Ahnung. Denn seither hütet sich Jan, auch nur rein zufällig meinen Allerwertesten zu berühren, erst recht, wenn ich mit so was offensichtlich Hausfrauengetriebenem wie Kochen beschäftigt bin. Tja, es ist ein schmaler Grat zwischen dem, was ich unter Begehren und was ich unter Entwerten meiner selbst verstehe. Da hat es ein Mann schon nicht leicht.

Aber das hier ist eine vollkommen andere Geschichte. Das hier ist so sexy wie eine Armee Gartenzwerge. Hier ist alles

Entwertung, aber nicht nur der Frau, sondern genauso des Mannes, jeder echten Beziehung und ja, es ist auch eine Entwertung von Sex. Nix von wegen schmaler Grat. Zwischen dem, was hier geboten wird, und menschlichem Begehren ist eine riesengroße Schlucht. So riesig, dass man nicht mal auf die andere Seite sehen kann.

»Hältst du mich für frigide?«, fällt mir mitten in meiner globalen Messekritik eine andere wichtige Frage ein.

Jan dreht sich zu mir, zieht erst irritiert die Augenbrauen hoch und lächelt dann. Das Lächeln wirkt ehrlich und sorgt dafür, dass mir ganz angenehm warm wird. »Quatsch, wie kommst jetzt darauf?«

»Na ja, weil ich halt oft keine Lust auf Sex habe und weil ich das hier alles so furchtbar finde und überhaupt …« Während ich das sage, freue ich mich wie ein Schnitzel. Weil ich mich getraut habe zu fragen und weil mir Jans Antwort gefallen hat.

Jetzt schüttelt Jan auch noch den Kopf und legt seinen Arm um meine Schultern. »Du bist einfach nur süß, und ich hole dir jetzt mal ein Glas Wein, vielleicht entspannt dich das.«

Dass mein Mann mich mal freiwillig auf Alkohol setzt, kommt nicht oft vor. Offenbar liegt ihm was an der Durchführung dieses rotlichtigen Programmpunktes. Und letztlich heißt das ja auch: Ihm liegt was an mir. Deshalb bräuchte ich den Wein jetzt vielleicht gar nicht mehr, denke ich. Als ich daraufhin mutig meinen Blick über die nächsten Stände schweifen lasse, ändere ich schlagartig meine Meinung. Und denke: Vielleicht wäre eine Flasche besser.

Nach einem Glas Billig-Chardonnay wird die Szenerie um mich herum zwar nicht weniger hässlich, aber immerhin auch meine Laune nicht schlechter. Überrascht stelle ich fest, dass mich der quietschbunte Sexzirkus samt der Dauerdröhnung aus echten und imitierten Geschlechtsorganen so langsam abhärtet. Selbst der überdimensionierte, neongelbe Riesendödel zum Umschnallen, den Jan mir zum Spaß in die Hand drückt, kann mich nicht mehr schocken oder ekeln. Stattdessen erinnert mich das Ding an etwas, und ich rücke sogar prompt mit einer längst verdrängten Geschichte heraus.

»Du, Schatz, ich hatte mal Sex mit einem Typen, der hatte von Natur aus so ein riesiges Ding.«

»Und?«, kommt es direkt zurück, und ich meine eine leichte Unsicherheit in Jans Stimme zu vernehmen. Er denkt wohl in diesem Moment an sein eigenes, völlig normal gewachsenes Ding.

»Es war echt gruselig«, erweise ich der Wahrheit die Ehre, und Jan atmet erleichtert auf.

Mag sein, dass es Frauen gibt, die für so etwas konzipiert sind. Ich war es nicht. Förmchen zu klein. Hat verdammt wehgetan. Aber ich war auch sonst nichts für den Typen. Von Anfang an sah er in mir nur das Betthäschen, mit dem er eine Nacht lang nach Lust und Laune karnickeln wollte. Und damit meinte er, nach *seiner* Lust und Laune.

Eine halbe Nacht lang blieb ich standhaft und leierte ihm bei jedem Annäherungsversuch – und die kamen etwa im Minutentakt – denselben Satz ins Ohr: »Ich werde nicht mit dir schlafen.« Kurz vor Morgengrauen gab ich dann aber doch nach, und er gab mir wenig später einen Abschiedskuss. »Ciao, war schön mit dir. Ich ruf dich an.«

Schade, dass man diesen Satz weit öfter zu hören bekommt als das versprochene Telefonklingeln. Ich fasse nach Jans

Hand. Von ihm bekam ich den Machosatz nämlich noch nie zu hören.

»Wollen wir Pornos gucken?«

Den allerdings auch nicht.

Bevor ich antworten kann, zieht mich mein Gatte zu den Schmuddelfilmen, die wenig ansprechend auf billigen Tapeziertischen feilgeboten werden. Ich greife zur erstbesten DVD-Hülle und muss mich sogleich ausschütten vor Lachen.

»Die Hobelfotzen«, lese ich Jan laut vor.

»Oje, das klingt ja wie die Lederhosenfilme, kennst du die noch?«, fragt Jan.

Na, und ob ich die kenne! Schon im zarten Alter von elf Jahren saß ich oft nachts heimlich vor dem Fernseher und zog mir das sündige Treiben zwischen bayrischen Bergen und Feldern rein. Immer saß mir die Angst im Nacken, dass mich meine Eltern erwischen würden. Aber ich blieb unentdeckt. Dafür entdeckte ich wenig später auf dem Nachtkästchen meines Vaters Kondome mit Lustnoppen und in der Unterwäscheschublade meiner Mutter die erotischen Memoiren der Josefine Mutzenbacher. Vielleicht war das der Grund, dass sich mein Barbiespiel meist um die Liebe drehte – die körperliche versteht sich. Meine Schulfreundinnen verstanden das im Übrigen nicht so ganz und weigerten sich irgendwann, von Ken verführt zu werden. Eins wäre damit jedenfalls bewiesen: So non-sexuell, wie ich mich in meinem Erwachsenenleben meist benehme, war ich nicht immer. Was ist da unterwegs passiert? Das wäre doch glatt ein Thema für unseren Freund Dr. Freude.

Die restlichen Filme lassen wir links liegen und schlendern weiter. Unterwegs trinke ich noch ein Glas Wein. Und später noch eins. Wie ein Marathonläufer, der sich immer wieder unterwegs erfrischt, damit er heil ans Ziel kommt. Nur werde ich eher betrunken als erfrischt. Dementsprechend benehme ich mich auch.

»O Jan«, brülle ich über sämtliche Messestände hinweg. »Da gibt's Enthaarungsrubbler, das wäre doch was für deinen Rücken.« Dabei strecke ich ihm fröhlich eine Art Schmirgelpapier entgegen und ernte einen weit weniger fröhlichen Blick von meinem Mann.

»Danke, Schatz, dass jetzt jeder hier meine Problemzone kennt«, zischt Jan mich an.

»Also mich stört dein Pelz nicht.« Habe ich erwähnt, dass meine Sensibilität mit steigender Promillezahl abnimmt?

Für einen kurzen Moment ist Jan ziemlich angesäuert. Das wollte ich nicht. Zur Wiedergutmachung kaufe ich ihm eine 500-Milliliter-Flasche Kokosmassageöl und lade ihn zu einer erotischen Live-Show ein. Fünf Euro für die Extraklasse.

Na, da bin ich aber mal selbst gespannt.

Wir werden durch einen Vorhang in einen Raum gelotst, der in ein diffuses, schummriges Licht gehüllt ist. Die paar wenigen Bierbänke im Zuschauerbereich sind schon bis auf den letzten Platz besetzt. Und zwar ausschließlich von Männern.

»Jan, ich bin ja die einzige Frau hier.«

»Stimmt nicht«, erwidert er trocken und deutet auf die Bühne. Dabei starrt er für meinen Geschmack ein wenig zu interessiert auf die nackte Blondine vor uns, die sich gerade on stage lasziv zu räkeln beginnt.

»O Gott, o Gott, o Gott.« Mehr bringe ich nicht über die Lippen, während ich beobachte, wie sich das junge Ding ausgiebig mit sämtlichen der ihr zur Verfügung stehenden Köreöffnungen beschäftigt. Nach unendlich langen fünf Minuten ist die Fummelorgie dann endlich vorbei, und ich bin wohl die Einzige, die nicht euphorisch applaudiert. Standing Ovations mal anders.

»Mann, war das übel«, lasse ich meinen Gefühlen freien Lauf, als wir wieder aus der Dunkelkammer hervorkriechen.

»Ich fand's gar nicht übertrieben erotisch«, sagt Jan. Und ich denke: guter Mann.

»Aber wenigstens sah sie gut aus.«

Ich verschlucke mich fast an meiner eigenen Spucke.

»Die war doch viel zu dünn«, huste ich pikiert hervor.

»Nee, fand ich jetzt nicht.«

Fehler. Schwerer Fehler. Frauenlogisch schlussfolgere ich nämlich nun aus Jans Worten, dass er mich für zu dick hält.

Als ich gerade überlege, wie ich auf diese Frechheit reagiere, naht auch schon die Gelegenheit zur Revanche: ein Stand mit exotisch bemalten Holz-Vibratoren. Ich bleibe demonstrativ stehen und nehme einen nach dem anderen in die Hand. Die Dinger sehen wirklich schön aus und fassen sich tatsächlich auch schön an. Ich streichle ausgiebig jedes Einzelne der Gebilde, damit Jan so richtig eifersüchtig wird. So zärtlich wie zu den Holzpimmeln war ich zu seinem Naturvibrator schon lange nicht mehr. Leider mache ich aber nur den Standbesitzer auf mich aufmerksam.

»Wenn Sie wollen, dürfen Sie gerne mal einen ausprobieren«, bemerkt er freundlich.

Peinlich berührt lege ich daraufhin das gute Stück zurück an seinen Platz. Auch wenn mir der gute Mann noch verspricht, dass ich mir garantiert keinen Spreißel ziehe und das Ding auch im Gegensatz zu den Silikonteilen nicht fusselt.

Vor lauter Scham vergesse ich sogar meinen Groll und hake mich ganz unemanzipiert bei Jan unter, damit er mit mir flieht von diesem Ort.

»So ganz ohne Souvenir können wir aber nicht gehen«, sagt Jan.

Das finde ich nun auch, und so erstehen wir zu guter Letzt noch eine randvoll gepackte rosa Wundertüte für zwanzig Euro.

Noch im Taxi reißen wir die Tüte voller Spannung auf. Leider müssen wir feststellen, dass es sich bei dem Inhalt des Lustpackerls um billiges Treibgut aus Taiwan handelt. Die Liebeskugeln klimpern nicht mehr, der Penisring ist porös, den Handschellen fehlt der Schlüssel ... Alles in allem eine ziemliche Enttäuschung. Jan und ich beschließen daraufhin mit einem breiten Grinsen im Gesicht, den mehr oder weniger gut erhaltenen Rest der Ware beim nächsten Schrottwichteln unter die Leute zu bringen.

Expertengeplänkel

Männer haben Freunde zum Sporttreiben, Bierchenkippen und Fußballgucken. Frauen haben Freundinnen, um darüber zu reden, dass ihre Männer ständig Sport treiben, Bierchen kippen und Fußball gucken. Ich erweitere die Liste noch um ein weiteres Thema. Sex. Beziehungsweise: kein Sex. Drei Tage nach unserem eher fruchtlosen Erotikmessen-Trip sitzt meine Freundin Julie für unser alltägliches Nachmittags-Sit-in bei mir in der Küche und hat schon jetzt glühende Ohren von meinen Erzählungen. Vor allem das Tantra-Thema beschäftigt sie schwer.

»Du Schlampe hast also wirklich dabei zugesehen, wie die Tantra-Tusse Jans Schlange würgt?«

Ja, so ist Julie. Optisch ein liebreizendes Engelchen, das an besonderen Tagen (und derer gibt's da viele) zu einer verbalen Dreckschleuder mutiert und gerne auch mal vor allen Leuten ihrem Ehemann die Handtasche drüberzieht, wenn er ihrer Ansicht nach mal wieder nicht auf der Spur ist. Die beiden lieben und hassen sich mit der gleichen Intensität wie einstmals Richard Burton und Elizabeth Taylor. Leidenschaft pur. Und dafür beneide ich sie wirklich. Auch wenn Julie mir immer zu sagen pflegt: »Du weißt gar nicht, wie gut du es mit deinem hast. So ein Leben zwischen zerbrochenem Porzellan kann nämlich auf Dauer ganz schön anstrengend sein.«

Manchmal würde ich aber tatsächlich gerne ein paar Teller mit meinem Ehemann an der Wand zerdeppern, wenn wir im Gegenzug dafür hinterher hemmungslos übereinander herfallen würden. Ist bei Julie natürlich auch nicht immer so. Manchmal geht es auch bei ihnen eher leise zu – aber immerhin es geht.

Anderseits:

»Also mein Typ würde sich niemals vor meinen Augen einen runterholen lassen.«

Gut, dass unsere beiden Kinder heute mal ausnahmsweise friedlich im Kinderzimmer vor sich hin spielen und nicht hören, was wir so von uns geben. Ihr Hirn würde es nämlich garantiert abspeichern und bei nächster Gelegenheit im kindergärtlichen Morgenkreis wieder absondern. Ich schließe vorsichtshalber trotzdem mal die Küchentür, bevor ich weiterrede.

»Pass mal auf, Jan wurde keiner runtergeholt, er wurde nur, sagen wir mal, intensiv massiert.«

»Ja, aber er kam doch, oder?« Julie kann manchmal wirklich penetrant sein.

»Schon, aber darum geht's nicht«, versuche ich ihr zu erklären. »Es geht um den Weg und nicht um das Ziel.«

Julie zieht die Augenbrauen nach oben und sieht mich prüfend an. »Aha, und wie war jetzt dein Weg so?«

Ich weiß, dass ich ihr nichts vormachen kann. Und auch nichts sagen muss. Mein zerknirschter Blick ist ihr Antwort genug.

»Verstehe«, sagt sie dann auch und nimmt mich in den Arm. Fast kommen mir ein paar Tränen.

»Jetzt heul bloß nicht rum, mach lieber endlich den Schampus auf. Eure komischen Eskapaden haben mich durstig gemacht.«

Es ist zwar erst drei Uhr nachmittags, aber man muss sich auch mal ein wenig freimachen können von gängigen Konventionen, findet Julie. Was andere von ihr denken, geht ihr generell am Arsch vorbei. Ich bin diesbezüglich noch blutiger Anfänger. Meine Außenwirkung ist mir wahnsinnig wichtig, so wichtig, dass ich mich selbst manchmal dabei vergesse und leider gelegentlich auch die Bedürfnisse von Mann und Kind. Das ist nicht gut. Nicht für den Familienfrieden und nicht für den Selbstwert. Wie sagte Franz Josef Strauß mal so schön: »Wer immer Everybody's Darling sein will, wird irgendwann Everybody's Depp.« Wo er recht hat, hat er recht. Deshalb trinke ich jetzt auch ein Gläschen mit, allerdings nur ein halbes. Seit meinem Billigweinmarathon auf der Erotikmesse halte ich mich jetzt doch öfter mal zurück.

»Na, dann Prost auf Yoni und Lingam.« Julie streckt mir ihren Kelch entgegen, und ich lasse meinen dagegenklirren. Während sie zufrieden an ihrem Damengetränk nuckelt, bitte ich sie inständig darum, dass sie keinesfalls auch nur ein Wort zu irgendjemandem über unsere Tantra-Story verliert. Ich selbst habe Jan nämlich hoch und heilig versprechen müssen, dass das unser höchst privates, schmutziges Geheimnis bleiben wird. Man muss ihn da auch verstehen. Welcher Kerl gibt schon gerne zu, dass er von Räucherwerk und Sphärenklängen in den sexuellen Olymp geschleudert wurde?!

»Logisch, Süße, kannst dich auf mich verlassen, von mir erfährt keiner was«, verspricht Julie, und mir ist klar, das wird nix. Das ist, als würde man einen Hund davon abhalten wollen, sein Revier zu markieren.

Außerdem: Ich selbst konnte ja auch mein loses Mundwerk nicht halten. Ich habe Eheverrat begangen, und Jan wird das gar nicht gefallen. Zum Glück hält ein Klingeln an der Wohnungstür mein schlechtes Gewissen davon ab, mich noch weiter zu malträtieren.

»Wollen wir sie reinlassen?«

Julies Frage ist durchaus im Ansatz ein bisschen ernst gemeint. Sie, das ist Sonja, meine Freundin Nummer zwei. Immer eine Spur zu hektisch unterwegs, weil immer irgendwie unter Strom. Auch heute. Kaum habe ich die Wohnungstür geöffnet – denn selbstverständlich lasse ich sie rein –, rauscht sie schon schwer abgehetzt mit ihren beiden Kindern direkt an mir vorbei ins Badezimmer. »'tschuldige, aber die haben beide Kacka in der Hose«, tönt es mir noch entgegen.

Julie grinst und hält mir ihr leeres Glas entgegen. Ich fülle es und zehn Minuten später noch einmal. Dann stürzt auch endlich Sonja mit Kleinkind eins und zwei in die Küche und sieht enttäuscht auf die mittlerweile nicht mehr ganz so volle Flasche Moët.

»Ach nee, haste keinen Eierlikör da?« Für Sonja ist Eierlikör das, was für andere Vitamin-Präparate sind. Eierlikör hält Sonja am Laufen und sorgt dafür, dass sie selbst dann noch fröhlich ist, wenn sie ihre Kinder samt Wochenendeinkäufen die sieben Stockwerke zu ihrer Wohnung hochgewuchtet hat. Zwei Windelpupser im Abstand von einem Jahr auf die Welt zu pressen, ist auch mal echt eine Ansage. Ich hätte das nicht geschafft. Zwar waren die ersten beiden Babyjahre mit Paul wirklich schön, aber so ganz und gar auf das Hausfrauendasein einlassen mochte ich mich nun doch nicht. Nach zwei Jahren als Mutter war mein Geist auf Selbstverwirklichung aus, und eine Zeitlang zog ich das auch mit einer gehörigen Portion Egoismus durch. Viel Party, viel Yoga – wenig Zweisamkeit. Ich war auf der Flucht, und Jan kam nicht recht hinterher. Und jetzt, wo ich wieder bereit wäre für Baby zwei, blockieren unsere Lustzentren. Oder werden blockiert. Von uns selber. Oder gegenseitig. Oder beides. Das Leben kann manchmal so gemein sein. Nachdenklich starre ich auf Sonjas Kinder, die sich auf dem Küchenboden fröhlich um den Champagner-Korken balgen.

»Schon süß die zwei«, bemerke ich versonnen. Julie zeigt mir den Vogel, und Sonja lässt sich schwer atmend auf den Küchenstuhl sinken.

»Hör mir auf, seit wir die beiden haben, läuft bei uns echt gar nichts mehr.«

»Willkommen im Club«, sagt Julie trocken und zwinkert mir zu. Leider weiß ich, dass Sonjas Definition für »gar nichts« etwas anderes bedeutet als für mich. Bei ihr heißt »gar nichts« nämlich einmal die Woche. Sooft kriegen sie und ihr Mann es nämlich mindestens hin. Trotz Kindern, Müdigkeit und Speckansätzen an der Hüfte.

»Und, gibt's was Neues?« Sonja schlürft mittlerweile Baileys aus dem Schlumpfbecher unseres Sohnes (da geht nämlich ordentlich was rein) und sieht uns abwartend an.

Ich schüttle den Kopf.

Julie nicht. »Stell dir vor, die waren beim Tantra!«, trompetet es wie selbstverständlich aus ihrem Mund. Als sie meinen giftigen Blick sieht, haut sie sich mit der flachen Hand auf den Mund.

»Ups, sorry, ist mir so rausgerutscht.« Ich verdrehe die Augen und wende mich an Sonja.

»Du darfst es aber echt nicht weitererzählen, okay?« Sonja schwört, und ich erzähle erneut die ganze flutschige Geschichte. Als ich geendet habe, sieht mich Sonja aus großen Augen an.

»Ihr seid echt nicht ganz dicht.«

Ehrlich gesagt habe ich keine andere Reaktion von ihr erwartet. Sonja ist einfach viel zu bodenständig und konservativ, um sich auf wie auch immer geartete spirituelle Reisen zu begeben. Sie umgibt ein eher altbackener Charme, für den ich sie manchmal liebe, aber oft gerne vermöbeln möchte. Letzteres dann, wenn sie mich mal wieder für meinen angeblichen Bio-, Anti-Konservierungsstoffe- und Yoga-Wahn belächelt.

»Sag mal, was kommt eigentlich als Nächstes? Nackt auf einem Tandem durch den Englischen Garten?« Julie lacht selbst am meisten über ihren blöden Witz.

»Haha, sehr komisch«, spiele ich die Beleidigte. Sofort schlägt sie einen versöhnlichen Ton an.

»Vielleicht müsst ihr einfach mal zusammen kiffen – also bei uns wirkt das immer.« Sie grinst: »Da geht sie ab, die Miezi, das kann ich dir versprechen.«

Ich erinnere Julie daran, dass ich noch nie Drogen genommen habe – von meinem phasenweise übertriebenen Alkoholgenuss mal abgesehen –, und verkünde, dass ich jetzt mit Mitte dreißig auch garantiert nicht mehr damit anfangen werde. Das hat allerdings weniger mit Unlust als mit einer gewissen Vorsicht zu tun. Am Ende schmeckt mir das Tüten-Schmauchen, und ich hänge infolgedessen die meiste Zeit des Tages von einer Dunstwolke getragen extrem gechillt, aber völlig planlos in der Gegend rum. Eigentlich eine schöne Vorstellung …

Nur mein eigentliches Problem löst das mit Sicherheit auch nicht. Zumal Jan mir mal erzählt hat, dass er früher nach einem Joint immer sofort eingeschlafen ist. So gesehen würde das Kiffer-Kraut herzlich wenig an unserer lethargischen Libido kratzen. Im Gegenteil, sie würde dann wohl ganz und gar ins ewige Nirwana abdampfen.

»Macht doch einen Salsa-Kurs«, macht nun auch Sonja mal einen Vorschlag. Einen echten Sonja-Vorschlag.

»Salsa?«, frage ich und ziehe dabei das zweite A dermaßen hoch, dass aber auch niemandem entgehen kann, was ich von dieser Idee halte.

Auch Julie rümpft lautmalerisch die Nase. »Das ist doch total fad, das machen doch echt nur Pärchen, die sonst nichts miteinander anzufangen wissen.«

Sonja sieht sie beleidigt an. »Also wir machen gerade einen Kurs und finden es super.«

»Ruhig, Brauner!«, sage ich und tätschle ihr die Hand.

»Also, wenn schon tanzen, dann Tango«, findet Julie. »Das ist schon eher euer Stil, und erotisch ist es auch.«

Ich nippe an meiner Champagner-Pfütze, die langsam

schon abgestanden ist, und denke nach. Das letzte Mal, als Jan und ich uns zum Paartanz aufgerafft haben, war bei unserer Hochzeit, und ehrlich gesagt, schön war das nicht. Der obligatorische Walzer glich eher einer skurrilen Tanzperformance. Schrittfolge negativ. Auf beiden Seiten. Allerdings war Jan an diesem Tag auch nicht ganz auf der Höhe. Kurz vor unserer Vermählung krachte nämlich sein Kreislauf zusammen und konnte nur mit intravenös verabreichten Vitaminampullen und diversen Medikamenten wieder in Gang gesetzt werden. Ich glaube noch heute bei passender Gelegenheit daran, dass sich Jans Unterbewusstsein gegen unsere Heirat gewehrt und deswegen seinen Körper mal kurzfristig ins vermeintlich schützende Off geschossen hat. Jan glaubt das im Übrigen nicht.

Jedenfalls sorgten Pillen und Rotwein dafür, dass ihm jegliches Körpergefühl abhandenkam und er wie ein rotwangiges Duracell-Karnickel durch den Saal hopste. Pünktlich zur Hochzeitsnacht ließ die Wirkung dann aber nach, und statt eines fulminanten Finales gab es ein letztes zaghaftes Küsschen auf die Wange.

»Schatz, wir haben doch noch unser ganzes Leben Zeit.« Gut, dass ich vor sieben Jahren nicht an dunkle Vorzeichen geglaubt habe.

»Nee, Leute«, klinke ich mich in das Gespräch wieder ein, »ich glaube, Tanzen ist echt nichts für uns.«

Denn wenn ich ehrlich bin, hab ich es auch lieber, wenn ich, sobald die Musik loslegt, keiner auswendig gelernten Choreographie folgen muss. Einfach die Augen schließen und sich vom Sound und den Gefühlen tragen lassen, das mag ich. Leider mag Jan das nicht. Nicht aus Böswilligkeit, sondern weil er glaubt, dass er das nicht kann. Was wirklich schade ist. Denn auch beim anfassfreien Gegenüber-Tanzen kann man sich herrlich zu zweit fühlen. Inzwischen hab ich es jedoch aufgegeben, ihn davon zu überzeugen. Jan tanzt höchstens nach ein paar Bierchen, und die trinkt er ja eigentlich nur einmal im Jahr auf dem Oktoberfest. An unserem Jahrestag wird somit also immer getanzt. Auch wenn es sich dabei nur um einen bierbeseelten Schunkler auf der Bierbank handelt. Auf und nieder immer wieder … Früher ging es trotz voller Birne dann zu Hause im Bett mit dem Holla-di-hopsassa bis in die frühen Morgenstunden weiter – aber man wird halt nicht jünger.

»Man muss ja nicht des Tanzens willen zum Tango«, sagt Julie. Sie hat mittlerweile ihr iPad vor sich liegen und tippelt aufgeregt darauf herum.

»Wegen was denn sonst?«, nimmt Sonja mir die Frage vorweg.

Julie schiebt uns lächelnd das Apple-Teil hin. »Na, wegen der Lehrer.«

Sonja und ich starren auf den Bildschirm und sehen ihn. »Wow, was ein Arsch«, entfährt es Sonja, denn sie ist vielleicht pragmatisch, aber brav ist sie deswegen noch lange nicht. Ich kann mich diesem Urteil zwar durchaus anschließen, weiß aber noch nicht so ganz, worauf sie hinauswill.

»Mann«, sagt Julie und sieht mich mit ihrem Na-mal-wieder-schwer-von-Begriff-Blick an, »du gehst da mit Jan hin und machst ihn mit dem Typen eifersüchtig.«

Ich lache laut auf. »Jan ist aber nie eifersüchtig.«

»Du Glückliche«, stöhnt Sonja auf. »Meiner flippt schon aus, wenn ich mich nur mit einem Mann unterhalte.«

Da ich weiß, dass es im umgekehrten Fall genauso ist, hält sich mein Mitleid in Grenzen. Abgesehen davon wäre ich glücklich, wenn Jan wenigstens ab und an mindestens hellrot sehen würde, wenn es um meine Person geht. Manchmal schwärme ich deshalb von anderen Männern in den höchsten Tönen, nur damit ich vielleicht mal den Hauch einer Reaktion ernte. Einmal habe ich ihn sogar gefragt, ob er mir zutrauen würde, dass ich fremdgehe. Er hat mich angesehen und gelacht. »Nein, Schatz, wirklich nicht. Du doch nicht.«

Als ich das jetzt Sonja und Julie erzähle, wird es still in der Küche. Selbst die beiden Mini-Kinder auf dem Fußboden geben keinen Mucks von sich. Sie sind allerdings auch längst eingeschlafen.

Julie findet als Erste ihre Sprache wieder. »Puh, das ist echt gar nicht so einfach mit euch beiden«, seufzt sie resigniert und leert ihr nächstes volles Glas auf einen Zug. Sonja tut es ihr mit dem Baileys gleich.

»Und jetzt?« Hilflos sehe ich meine Kaffeeklatsch-Therapeutinnen an.

Sonja und Julie tauschen einen Blick. Dann drehen sie sich synchron zu mir um.

»Kiffen?«, fragen sie wie aus einem Mund.

Latino in Love

Das Gespräch mit Julie und Sonja hat bleibenden Eindruck bei mir hinterlassen. Nicht wegen des vermehrten Leergutes in meiner Küche, sondern wegen der Tatsache, dass sich die beiden wie wahnsinnig darüber echauffiert hatten, wie man so dermaßen mit gegenseitiger Eifersucht geizen kann wie Jan und ich es tun.

»Wir sind mittlerweile einfach wahnsinnig tolerant«, versuchte ich den Karren aus dem Dreck zu ziehen.

»Ihr seid einfach nicht ganz normal«, erwiderte Julie wenig einfühlsam, und die liebe Sophie nickte zustimmend.

Eigentlich halte ich Jan und mich für völlig normal. Sofern ein Mensch überhaupt vollständig normal sein kann. Wir sind fleißig, die Unverschämtheiten unseres Kindes sind noch im Rahmen des Erträglichen, und mit unseren Eltern kommen wir mittlerweile auch ganz gut klar. Der Alltag um uns herum funktioniert wunderbar.

Und genau das ist wohl der Fehler im System. Wir reiben uns nicht mehr richtig aneinander, und dementsprechend fliegen auch keine Funken. Ohne Funken kein loderndes Feuer. Zwischen uns brennt nicht mehr viel. Ist das dann der Zeitpunkt, wo aus großer Leidenschaft tiefe Liebe wird? Na, vielen Dank auch, dann hätte ich gerne noch ein wenig darauf gewartet. Mit Mitte dreißig auf dem sexuellen Abstellgleis zu landen, stimmt mich nicht wirklich fröhlich.

»Jan, unser Leben langweilt mich«, eröffne ich meinem Mann dann auch einen Tag später beim gemeinsamen Mittagessen, mal so völlig fröhlich auf Diplomatie pfeifend.

Jan sieht mich etwas konsterniert über ein Salatblatt hinweg an. »Was langweilt dich denn?«

So genau weiß ich das natürlich auch nicht. »Alles«, pauschalisiere ich deswegen ein bisschen.

»Aha«, sagt Jan.

Ich kann überhaupt nicht leiden, wenn Jan ahat. Da weiß ich doch gleich, dass er mich nicht versteht und am liebsten weiter an der nächsten Gurke nuckeln möchte. O weh, ich spüre schon wieder diese seltsame Wut in mir hochköcheln.

»Weißt du«, schnaube ich, »statt uns immer nur zum Mittagessen zu treffen, könnten wir auch mal was anderes tun. Aber du kommst ja nicht mal auf die Idee.«

Mein Mundwerk rattert wie eine Maschinenpistole, und ich kann die Einschläge auf Jans Gemüt fast bildhaft vor mir sehen. Immerhin legt er jetzt die Gabel zur Seite und atmet erst einmal tief durch. Fast tut es mir schon wieder leid, was ich da von mir gegeben habe. Denn wer im Glashaus sitzt, sollte eigentlich nicht mit Steinen und so …

»Also gut, Schatz, ich habe noch eine halbe Stunde bis zum

nächsten Meeting, dann gehen wir eben jetzt schnell heim.«
Völlig überrumpelt von seinem Vorschlag verschlucke ich
mich erst einmal an meiner Limo und huste, bis mir die Tränen in die Augen schießen.

»Das ist nicht dein Ernst, oder?«, würge ich hervor, als ich
mich wieder halbwegs erholt habe.

Jan nickt. »Doch, wenn du das willst, Schatz, dann machen
wir das.« Ich ächze genervt und denke: So will ich das aber
nicht! Eigentlich weiß Jan nämlich, dass ich von ihm im Grunde nie das haben will, was ich mir explizit wünsche, denn mein
Hirn sagt dann, dass er das nicht aus freiem Herzen heraus tut,
sondern dass ihm schlicht und ergreifend aus Unwissenheit
über mein wahres Wesen nichts Besseres eingefallen ist. Ich bin
eine Frau, die Überraschungen liebt. Für die jeder Geburtstag
etwas ganz Besonderes ist und die nichts haben möchte, das
auch nur im Geringsten lieblos daherkommt.

»Also was ist, sollen wir?« Jans Ton ist freundlich, und sein
Blick ist es auch. Aber wenn ich ehrlich bin – ich will ja überhaupt gar nicht.

»Hast du denn Lust?«, frage ich scheu nach.

Jan grinst, sagt: »Die wird dann schon kommen«, spießt
die letzten zwei Gorgonzola-Gnocchi auf und kaut ruckzuck
fertig.

Alter Pragmatiker! Ich blicke auf meine Uhr. »Du, ich
glaube, jetzt ist es eh zu spät.«

Jan schüttelt ausgiebig den Kopf. »Also, dich soll mal einer
verstehen«, sagt er, als er fertig geschüttelt hat.

Während er sich stumm seinen restlichen Salat einverleibt,
könnte ich mich im Dreivierteltakt ohrfeigen.

Stunden später erledigt das dann Julie für mich. Sie

schimpft wie ein wildgewordener Rohrspatz über meine Absage zum Mittags-Sex.

»Was ist eigentlich dein Problem?!«, will sie wissen.

Ich zucke mit den Schultern und erkläre ihr, dass mich
nichts mehr erregt und dass ich null Lust habe und dass mir
das echt Angst macht.

»Was ist denn, wenn das so bleibt?«, frage ich jammernd
nach.

Julie lacht. »Das bleibt nicht so, du bist einfach total unent-
spannt. Weißte was, wir gehen heute Abend aus, und dann
tanzt du dir mal ein wenig die Birne frei.«

Ausgehen, tanzen, danach fühle ich mich jetzt aber so gar
nicht. Doch Julie lässt mich natürlich nicht raus aus der Nummer.

Ich quetsche mich also am Abend in meine Lieblingsjeans
und muss feststellen, dass Größe 27 nicht mehr so ganz meinen Körpermaßen entspricht.

»Fuck!«, brülle ich laut und locke damit Mann und Sohn
ins Schlafzimmer.

»Du hast Fuck gesagt, das darf man nicht«, klugscheißert
mir Paul entgegen.

»Erwachsene dürfen das. Nur du darfst das nicht«, kontere
ich pädagogisch vielleicht nicht so wertvoll. Paul gibt sich mit
meiner fadenscheinigen Erklärung o Wunder zufrieden und
mustert mich stattdessen von oben bis unten.

»Mama, dein Bauch ist aber ganz schön dick. Ist da ein
Baby drin?«, fragt er schließlich ganz unschuldig. Kinder
sind was Schönes, Liebes, Wundervolles …

»Nein, Paul«, ruft Jan, »in Mamas Bauch ist kein Baby, da
ist nur ein bisschen zu viel Abendessen drin.«

Männer sind was Schönes, Liebes, Wundervolles! Mir ist fast zum Heulen.

Jan lächelt mich milde an. »Ach, Schatz, war doch nur Spaß, außerdem liebe ich dich so, wie du bist.«

Flatsch, nächstes Fettnäpfchen.

Ich will aber nicht geliebt werden, wie ich bin. Dieser Satz heißt doch im Klartext: Es könnte besser sein, aber ich komm damit zurecht. Nicht gerade das, was eine Frau in meiner Situation hören will. Bevor ich allerdings etwas weit weniger Nettes dazu sagen kann, fällt Paul mir quengelnderweise ins Wort: »Ich will aber ein neues Baby, der Lukas hat nämlich auch eins bekommen.«

Jan und ich gehen zeitgleich in die Hocke. Denn wie man aus jedem Ratgeber weiß: Gespräche auf Augenhöhe sind das A und O für eine gute Eltern-Kind-Beziehung.

»Weißt du, Süßer, so einfach geht das aber nicht mit einem Baby«, erkläre ich mit sanfter Stimme.

»Geht wohl einfach, der Papa muss bloß seinen Samen besser trainieren.«

Paul unterstreicht seine Worte mit ein paar Dehnübungen aus der Hüfte heraus. Ja, und wie erklärt man seinem heranwachsenden Sohn jetzt, dass der Samen auch gepflanzt werden will, und zwar in reichhaltige, fruchtbare Muttererde? Aber in unserem Fall weder der Gärtner genügend ambitioniert noch das Beet gut genug präpariert ist? Ich entschließe mich, dazu nichts zu erklären, und grinse Jan süffisant an: »Your part, Daddy.«

Dann erhebe ich mich und versuche erneut meine Jeans über meine Speckrollen zu wuchten. Da reißt die Gürtelschnalle.

»Fuck!«, brülle ich erneut, und Jan und Paul schleichen sich ganz schnell aus dem weiblichen Krisengebiet.

Sekunden später tönt aus Pauls Kindermusikanlage die Band Culcha Candela, und ich höre den Kleinen lauthals grölen:

»Die Erde bewegt sich von allein. Dein Arsch bewegt sich von allein …«

Die Tage von Hänschen klein und Fuchs, du hast die Gans gestohlen sind wohl offensichtlich gezählt. Dafür dröhnen jetzt doch glatt nacheinander noch die Ärzte und Hubert von Goisern an mein Ohr. Also, so geht's ja dann auch nicht. Jan kann unseren Kleinen doch nicht musiktechnisch vollkommen vereinnahmen. Ich stürme ins Kinderzimmer und finde die beiden einträchtig spielend auf dem Fußboden. Vater und Sohn – meine Familie. Ein dicker Klops drückt plötzlich in meinem Hals, und ich schlucke ihn schnell runter.

»Also, ich geh jetzt.«

Jan sieht zu mir hoch und lächelt mich an. »Hab viel Spaß und bleib so lange aus, wie du willst, okay?« Kein »Ich werde dich vermissen«. Kein »Du siehst gut aus«. Kein »Lass bloß die Finger von anderen Typen«.

Paul drückt auf Play. »Ich weiß nicht, ob es Liebe ist«, schallt es aus den Boxen und verfolgt mich noch bis ins Treppenhaus.

Julie erwartet mich auf der Straße, und gemeinsam staksen wir durch die nächtlichen Straßen der ersten Bar entgegen. Dabei vermeide ich es, in die Schaufenster zu blicken.

»Sag mal, was ist denn los mit dir?« Julie bemerkt natürlich sofort, dass etwas nicht stimmt.

»Ach, ich fühle mich einfach zu dick«, jammere ich prompt los.

»Du spinnst doch, wer im Sommer Hot Pants tragen kann, ist nicht zu dick.«

Eine solche Definition von »nicht zu dick« kann auch nur Julie einfallen. Aber Julie hat auch eine andere Sicht auf gewisse Dinge als ich. Während ich ständig irgendwie mit dem Leben hadere und es hinterfrage, lebt Julie einfach. Das heißt: Wenn sie trinkt, trinkt sie, wenn sie isst, isst sie, wenn sie raucht, raucht sie. Und das am liebsten alles auf einmal.

Wenn ich trinke, verurteile ich mich dafür. Wenn ich esse, zähle ich Kalorien, und wenn ich rauche, kotze ich. Ich bin zu streng mit mir, das weiß ich auch – aber ein schlanker, schöner Körper kommt nun einfach mal nicht von ungefähr.

»Jetzt mach dich mal locker, du siehst echt hot aus.«

»Ja genau. So hot wie ein Mops.«

Julie schüttelt ungeduldig den Kopf.

»Echt, langsam habe ich das Thema wirklich satt. Wird Zeit, dass dich dein Alter mal wieder richtig rannimmt.«

»Julie!« Manchmal entsetzt mich ihre derbe Wortwahl dann doch.

»Ist doch wahr! Kein Wunder, dass du dich scheiße fühlst, wenn der dich nicht mal mehr mit dem Arsch anschaut.«

Insgeheim habe ich mir das natürlich auch schon überlegt. Aber man kann ja nicht immer alles auf den anderen schieben.

»Aber ich will ihn ja auch nicht.«

»Na klar, wenn er dich nicht will.« Gegen Julies Argumentationskette kommt man einfach nicht an. Sie ist jetzt aber auch so was von in Fahrt und kommt mir dann auch noch mit einem äußerst zwielichtigen Vorschlag um die Ecke: »Vielleicht besorgst du dir einfach einen Lover.«

Jetzt geht sie aber wirklich zu weit.

»Ich dachte, du findest Fremdgehen scheiße«, wundere ich mich.

»Tu ich auch, aber weißt du, Schatz, bei dir ist es mir ehrlich gesagt egal, wen du bumst, Hauptsache, du bist endlich wieder glücklich.«

Gerührt nehme ich sie in die Arme und verspreche daraufhin hoch und heilig, keinen Ton mehr über meine Problemzonen zu verlieren. Zumindest für diesen Abend nicht. Ich bin schön. Ich bin schön. Ich bin schön. Und als dann in der Bar, in der wir uns seelisch und alkoholisch auf die Club-Nacht vorbereiten, der erste Moskow Mule (der Cocktail mit der gesunden Gurke) gekippt ist, glaube ich es auch.

Leider erhält mein neugewonnenes Selbstbewusstsein beim erstbesten Türsteher schon wieder einen harschen Dämpfer. »Tut uns leid, aber der Club ist voll«, lügt er uns ins Gesicht und lässt ganz nebenbei einen Trupp siebzehnjähriger zugegebenermaßen nicht unhübscher Mädels an uns vorbei ins Innere des Szenelokals ziehen.

»Hast du das gesehen, Julie? Warum dürfen die da rein und wir nicht?«

Julie zuckt mit den Schultern. »Weil sie jünger sind und die längeren Beine haben, Darling.« Sie grinst, als sie mein fallendes Kinn sieht. »Aber dafür können wir unseren Champagner schon selber bezahlen.«

Dann nimmt sie mich an die Hand, und wir ziehen ein Häuschen weiter. Da dürfen wir dann rein. Und das, obwohl es schon irre voll ist und die Leute auf der Tanzfläche mehr aneinander kleben, als dass sie sich zum Rhythmus der Musik bewegen. Aber vielleicht ist das ja auch Absicht.

»Es gibt keinen größeren Baggerschuppen in der Stadt als den hier«, schreit Julie mir über die Köpfe hinweg zu. Was sie nicht sagt. Während die Dame zufrieden an ihrem Prosecco nuckelt, habe ich alle Hände voll zu tun, mich eines windigen Typen zu entledigen, der ohne groß zu fragen mal schnell seine Hüfte an meinem Po verankert hat. Für derart engen Körperkontakt bin ich dann doch noch viel zu nüchtern.

Eine gute Stunde später sind Julie und ich dann die ungekrönten Königinnen der Tanzfläche und treiben lasziv unser beschwipstes Unwesen auf selbiger. Was eine Show! Und sie bleibt natürlich nicht unbemerkt.

Wie aus dem Nichts steht er plötzlich vor mir und glotzt mich aus moosgrünen Augen an. Fump. Fump. Fump. Mein Herz rast, wimmert und giert. Vor mir steht bzw. bewegt sich doch tatsächlich die lateinamerikanische Version von George Clooney. Graue Schläfen, ansprechender Teint und dann dieser Duft. Ich tippe auf – ach was weiß ich. Jedenfalls kein Schweiß und jedenfalls keiner von diesen Männern, die glauben, dass ab dreißig das Leben für eine Frau vorbei ist.

»Holla die Waldfee!«, entfährt es mir laut – und mitten in eine Musikpause hinein. Er grinst mich breit an.

»Holla Waldfee, ich bin Gabriel.«

Haha, wie lustig.

»Ich geh dann mal auf die Toilette.« Julie zwinkert mir zu und verschwindet im Getümmel.

Gabriel und ich kommen daraufhin ohne große Worte aus. Wir tanzen einfach schweigend vor uns hin und grinsen uns ab und zu an. Keine große Berührungsperformance, was ich als sehr angenehm finde. Allein sein Blick ist mir schon Fummelei genug. Fühlt sich an, als würden seine Augen direkt mit meinen unteren Regionen kommunizieren. Mit jedem Wimpernschlag von ihm zuckt es in meinem Höschen. Mein Unterleib tanzt Ringelrein, und meine beglückte Seele hüpft im Takt dazu. Unglaublich, aber wahr: Das Land ist trocken, das Land liegt brach – aber halleluja, das Land ist doch noch nicht ganz tot.

»I will survive.« Ja, Gloria. Ich auch. Ich auch. Lautstark gröle ich den Song mit und grinse dabei wie ein Honigkuchenpferd.

»Du bist sehr fröhlich, das ist schön«, brüllt mir Gabriel ins Ohr und berührt dabei mit seinen Lippen sanft mein Ohrläppchen. Gänsehautfeeling pur. Der Mann hat ein Gespür für erogene Zonen. Am liebsten würde ich mich gleich an seinen Hals werfen, aber einen Rest Anstand besitze ich dann doch, deshalb lotse ich Gabriel an die Bar, um erst einmal ein bisschen abkühlende Konversation zu betreiben. Ich ordere Prosecco auf Eis, er ein Glas Sprudelwasser.

»Trinkst du keinen Alkohol?«, frage ich neugierig nach.

»Doch, aber ich muss morgen arbeiten.«

Generell halte ich ja nichts vom Job-Pingpong. Ich mach das, was machst du, etc. Aber in seinem Fall interessiert es mich wirklich, und ich frage nach.

»Ich leite eine Gemeinde.«

Die Antwort überrascht mich sehr. Denn wie ein bayrischer Bürgermeister sieht er mir jetzt wirklich nicht aus. Als ich Gabriel mit meiner Vermutung konfrontiere, kann er sich vor Lachen kaum mehr auf dem Stuhl halten.

»Nein, kein Bürgermeister. Ich bin Pfarrer.«

Flut und Ebbe – wie nah die Gezeiten doch beieinander liegen können.

»Katholisch?«, winsle ich leise und hoffe aus tiefstem Herzen, dass wenigstens dieser Messkelch an mir vorübergeht.

Anscheinend nicht mein Tag, denn Gabriel nickt. Eindeutig, er nickt. Irgendwie kann ich es noch nicht ganz fassen.

»Also ehrlich, du siehst überhaupt nicht wie ein Pfarrer aus.«

Gabriel sieht mich etwas unsicher an.

»Und wie sehe ich aus?«

»Na ja, wie ein echter Mann eben«, sage ich und habe durchaus das Gefühl, dass Herrn Hochwürden bei meinen Worten geschmeichelt der Kamm steigt. Er grinst wie ein Schuljunge, der soeben eine Eins mit Stern bekommen hat.

Allerdings ist er weit weniger zurückhaltend. »Ich mag dich, kann ich deine Telefonnummer haben?«, fragt er mich, als wäre es das Selbstverständlichste auf der Welt.

Also Sachen gibt's, die gibt's gar nicht, und die glaubt man auch nur, wenn man sie selbst erlebt. Ich glaube es dennoch nicht ganz. »Was sagt denn da dein Heiliger Vater dazu?!«

Wieder dieses unglaubliche Lächeln.

»Der freut sich über jedes neue Schäfchen in der Herde.« Sagt er, und ich Schaf gebe ihm daraufhin tatsächlich einfach mal so meine Nummer. Ein Geistlicher im Bekanntenkreis kann ja nie schaden. Gabriel bedankt sich höflich, gibt mir natürlich kein Küsschen auf die Wange, aber dafür ein südamerikanisches Sprichwort mit auf den Weg:

»Alles kommt zu dem, der warten kann.«

Gloria und Ende. Gedankenlesen kann er also auch noch, der Heilige Georg alias Gabriel.

Zwei Stunden später und definitiv drei Proseccos zu viel lädt mich Julie vor meiner Haustür ab.

»Na dann, vergiss nicht zu beten, bevor du schlafen gehst.«

»Amen«, lalle ich und zeige ihr den Stinkefinger. Just in diesem Moment hält ein Taxi neben uns und spuckt meinen nicht unhübschen Nachbarn von gegenüber aus. Der mit dem guten Parfüm. Auch er hat seine besten Zeiten für heute schon hinter sich und ist noch wackliger auf den Beinen als ich. Deutlich wackliger. Sofort stürze ich zu ihm, um ihn vor drohenden Auf-den-Asphalt-Stürzen zu bewahren.

»Pass auf, dass sie dich nicht wegen Verführung Minderjähriger drankriegen, Darling«, ulkt Julie, als sie mich dabei beobachtet, wie ich mich in Wohltätermanier um den Jungspund kümmere.

»Quatsch, der studiert doch schon«, raune ich zurück.

»Wenn's so ist. Dann viel Spaß noch euch beiden.«

Bussi und weg ist sie. Der Typ und ich schaffen es dann gerade noch bis zum ersten Treppenabsatz. Dann breche ich kichernd zusammen, und er kommt auf mir zu liegen. Oh yummie, wie der duftet!

»Sag mal, du bist schon achtzehn, oder?«, frage ich sicherheitshalber noch einmal nach, bevor ich ihm – ohne überhaupt eine Antwort abzuwarten – die Zunge in den Hals stecke. Knutschen, endlich mal wieder knutschen.

Am anderen Morgen erwache ich mit einem schlechten Magen und nicht minder schlechtem Gewissen. Ist das jetzt alles geschehen, oder hab ich nur geträumt? Mein schmerzender Rücken lässt allerdings keinen Zweifel daran, dass das Treppenhausintermezzo tatsächlich stattgefunden hat.

»Auweia. Auweia. Auweia«, jammere ich laut vor mich hin.

»Auweia, so schlimm?«, fragt mich Jan besorgt, der unbemerkt neben mein Bett getreten ist und jetzt ein volles Frühstückstablett auf meinem Schoß abstellt. Das auch noch. Kann er nicht einfach mal nicht nett sein? Kann er. Aber nicht, wenn ich will, dass er mal nicht nett ist. Jan setzt sich neben mich aufs Bett und streichelt meinen Kopf.

»Ich bin die schlimmste Ehefrau der Welt«, lege ich spontan ein Geständnis ab und verschwinde unter der Bettdecke. Ich fühle, wie er mich streichelt, und fange auch noch spontan an zu flennen.

»Hey, was ist denn los? Du hast einen draufgemacht, na und? Morgen sieht die Welt schon wieder besser aus.«

Ich tauche wieder unter der Decke hervor und blicke ihn sehr ernst an. »Jan, ich habe fremdgeknutscht – unseren Nachbarn.«

So, jetzt ist es raus. Jan sieht mich an und sagt erst einmal gar nichts.

»Ich war einfach so betrunken, und da ist es halt passiert. Nix mit Gefühl oder so.« Verschämt nestle ich an meiner Bettdecke herum. »Ich wollte halt einfach mal wieder knutschen – mehr nicht«, füge ich noch kaum hörbar hinzu.

Jan starrt einfach nur stumm zum Fenster hinaus. Oje, vielleicht hätte ich doch besser meinen Mund halten sollen. Schon mein Therapeut hat immer gesagt, dass es besser ist, manchmal einfach zu schweigen. Die große Gewissenerleichterung hinterlässt oft mehr Schäden als heimlich empfundene Reue. Ich spüre, wie eine unglaubliche Verlassensangst mich übermannt. Was ist, wenn Jan jetzt geht? Er, der doch mein Fels in der Brandung ist. Er, der es doch immer gut mit mir meint.

Sagen wir: meistens. Er, der jetzt ruckartig aufsteht, einmal tief durchatmet und »Danke« sagt.

Bitte, was soll das denn jetzt?! Verwirrt glotze ich ihn an. »*Danke?*«

Seine Augen und meine Augen treffen sich.

»Na, danke für deine Ehrlichkeit. Das bedeutet mir viel.« Ja, so kann man das natürlich auch sehen. Mir ist aber schon klar, dass viele andere Männer das sicherlich nicht so sehen würden. Darum frage ich lieber noch einmal nach.

»Bist du wirklich nicht sauer?«

Jan verzieht den Mund zu einem Lächeln. Leider lächeln seine Augen nicht mit. Er sieht müde aus.

»Nein, nur ein bisschen traurig. Aber ich glaube dir, wenn du sagst, dass da kein Herz mit im Spiel war.«

Ich schüttle hektisch den Kopf.

»Nein, nein bestimmt nicht. Kein Herz. Null. Null Komma nichts.«

Jan geht zur Tür. Sein Kopf hängt etwas geknickt in den Seilen.

»Und jetzt?«, rufe ich ihm leicht panisch hinterher.

»Jetzt gehe ich mit Paul schwimmen, damit du noch ein bisschen deine Ruhe hast.«

Bevor Jan die Tür hinter sich schließt, dreht er sich noch einmal zum mir um. »Ich verzeihe dir, Schatz – also bis später dann.« Er geht endgültig und lässt mich mit einer riesigen Portion Schuldgefühlen zurück.

Ein reinigendes Gewitter mit heftigem Donnergrollen Marke Jan wäre mir und meiner Seele in diesem Augenblick wohl zuträglicher gewesen. Stattdessen erhalte ich eine SMS:

»Hola schöne Waldfee, wann sehen wir uns wieder?«

Schwupps bin ich wieder unter der Bettdecke verschwunden. Und da bleib ich dann auch mal ein bisschen.

Schweißtreibende
Angelegenheiten

Tatsächlich hatte mein Knutschausrutscher, mal abgesehen von dem latent in meiner Seele pochenden Schuldbewusstsein, keine weitreichenden Folgen. Der Nachbar hatte einen Filmriss, weshalb er mir drohende Treppenhauspeinlichkeiten sowie etwaige Auseinandersetzungen mit seiner Freundin ersparte, und Jan und ich gehen seit diesem kleinen Aussetzer von mir achtsamer und respektvoller miteinander um als je zuvor. Allerdings bei weitem auch noch unsicherer und vorsichtiger.

Keiner von uns beiden wagt sich auch nur im Ansatz zu nahe an den anderen heran. Wie zwei scheue Rehe auf einer Waldlichtung grasen wir zwar harmonisch nebeneinanderher, wahren aber stets einen gebührenden Sicherheitsabstand. Wir haben beide Angst, etwas verkehrt zu machen, dabei läuft ja eh schon alles irgendwie verkehrt, und mittlerweile spiegelt sich das auch wieder einmal in meinen Träumen wider. Ständig sehe ich mich darin mit schiefen Räumen, defekten Möbeln und baufälligen Häusern konfrontiert. Symbole unseres krummen und buckligen Ehelebens – das ist ja wohl klar. Zumindest mir.

»Glaubst du nicht, dass du da ein bisschen zu viel hineininterpretierst?«, fragt mich Jan, als ich ihm eines Morgens im Bett von meinen nächtlichen Erscheinungen berichte. »Träume sind Schäume«, fügt er dann noch wenig originell und unverschämt gähnend hinzu.

Dieser fehlende Sinn fürs Übersinnliche erbost mich dann doch. »Sag das mal einem Psychotherapeuten, der würde dir aber was erzählen.«

Mit meinem Hinweis auf die Einschätzung der Profis ernte ich nur ein müdes Lächeln.

»Na ja, dazu wird es ja kaum kommen. Ehrlich, bevor ich mich noch einmal auf eine Psycho-Couch lege, lege ich mich lieber mit dir auf eine Yoga-Matte.«

Stille. Das Gesagte hängt in der Luft und baumelt wie ein gefühltes Damokles-Schwert über Jan. Ich sehe ihn an. Er sieht mich an. Ich sehe ihn an. Dann lächle ich breit …

Jan lächelt nicht. Stattdessen hebt er wie zum Schutz die Hände vor sein Gesicht und schüttelt heftig den Kopf.

»Nein, Schatz, das war nur Spaß. Echt jetzt. Nur Spaß. Kein Yoga für mich, okay? Never ever!«

»Aber ommen werde ich auf keinen Fall«, erklärt mir Jan auf unserem Weg zum Yogastudio zum wiederholten Male. Ich merke, wie mich das langsam zu nerven beginnt und sich meine Gelassenheit immer mehr gen Nirwana verpfeift.

»Du musst ja nicht ommen, wenn du nicht ommen willst. Wahrscheinlich wird beim Acro-Yoga sowieso nicht geommt. Da geht's doch mehr ums Fliegen und nicht um Erleuchtung.«

Jan schüttelt verständnislos den Kopf.

»Fliegen?! Ach ja, ich erinnere mich. Aber mal ehrlich, was soll das denn bringen, wenn ich mich von dir in die Luft hebeln lasse und dann Minuten auf deinen Füßen herumbaumle?«

Meine Mutter tendierte in derartigen Stresssituationen gerne dazu, ganz langsam das Wort »H E U W Ä G E L C H E N« über ihre Lippen gleiten zu lassen. Meistens ging sie danach trotzdem – wenn auch leicht zeitverzögert – in die Luft. Letzteres will ich auch – allerdings etwas entspannter. Darum schnell zehn geistige Heuwägelchen durch die Synapsen geschossen, und weiter geht's mit der Einlullung meines Ehemannes.

»Pass mal auf, erstens hängst du nicht nur rum, sondern bekommst sogar noch eine Thai-Massage, und zweitens lernt man ganz nebenbei, sich zu vertrauen.«

Ich kann direkt hören, wie bei Jan der Groschen fällt.

»Ah, Acro-Yoga ist also quasi wie eine Teambuilding-Maßnahme.«

Joah, so kann man das auch sehen – vor allem wenn man Jan heißt. Mir soll's recht sein. Hauptsache, er hört auf zu meckern.

»Hoffentlich ist unser Vorturner nicht so ein selbstverliebter Guru. Wenn ja, bin ich schneller weg als der Wind, das sag ich dir.«

Er hört einfach nicht auf!

»Weißt du was, Jan, hau doch gleich ab. Du hast ja eh keinen Bock«, schnauze ich ihn an und vergesse dabei kurzfristig, dass wir in einer sehr vollen U-Bahn stehen, wo man zum einen nicht einfach so abhauen kann und zum anderen viele begeisterte Zuhörer hat.

»Jetzt schrei halt nicht gleich wieder rum, das war doch nur so dahingesagt«, fährt mich Jan im Flüsterton an und wirft dabei einen peinlich berührten Blick auf unsere Mitfahrer, die jetzt betont uninteressiert an unserem Disput in ihren Büchern blättern oder auf den Boden starren. Ich beobachte Jan beim Beobachten und werde noch grantiger.

»Schämst du dich für mich oder was?«, gifte ich ihn weiter an und stehe da wie eine breitbeinige Kampfhenne. Jan rollt genervt die Augen.

»Nein, ich schäme mich nicht für dich. Sag mal, sind schon wieder deine Tage im Anmarsch, oder warum bist du so aggressiv?«

Hallo, was soll das denn?! Nur weil ich ein bisschen empfindlich auf seine Ansagen reagiere, heißt das nicht, dass ich das Problem bin. Aber Jan denkt seit jeher, dass alle unsere schwerwiegenden Auseinandersetzungen eigentlich daher rühren, dass meine Gebärmutter kurz davor ist, sich auszukotzen.

Stimmt selbstverständlich nicht – also zumindest nicht immer. Wäre es so, würde ich längst unter einer – medizinisch höchst bedenklichen – Blutarmut leiden. Aber bevor ich mich jetzt weiter über Jans Simplifizierung meiner hochkomplexen Psyche auslasse:

»Ja, ich prämenstruiere – und wie«, pflaume ich bockig zurück und ziehe eine Schnute.

Jan atmet hörbar und einen Hauch zu triumphierend auf. »Ha, wusst ich's doch.«

Blöder Arsch, denke ich und sage gar nichts mehr. Weil irgendwie hat er ja recht. Wenn sich meine Tage nur im Ansatz ankündigen (das kann auch schon mal zwei Wochen vor dem eigentlichen Wurf sein), ähnelt meine Stimmung Dynamit – bei ausreichender energetischer Aktivierung droht eine heftige chemische Reaktion. Und bei unsachgemäßer Handhabung Lebensgefahr. Jan bemerkt die Gefahr zwar mittlerweile oft viel früher als ich, tut sich aber nach wie vor schwer, mit dieser geballten Wucht an Weiblichkeit umzugehen. Dabei würde es wahrscheinlich schon helfen, wenn er mich einfach mal nur an seine Brust drückt und sagt:

»Hey Darling, alles gut, ich bin da für dich.«

Stattdessen höre ich nicht selten: »Also lange mach ich das Theater nicht mehr mit.«

Peng, und schon knallt es.

Irgendwie kann ich ihn auch verstehen. Ist ja sicher nicht einfach für einen Mann, die Frau in den Arm zu nehmen, die ihm noch Sekunden davor verbal das Herz zerfleischt hat. Dennoch glaube ich fest daran: Was bei einem wild um sich schlagenden trotzigen Kleinkind funktioniert, das funktioniert auch bei einem wild um sich schlagenden Weib. Halten, einfach nur ganz, ganz fest halten.

Jan hält mich auch heute nicht, aber immerhin stupst er mich versöhnlich an. »Shanti?«

Ich muss grinsen, ein Sanskrit-Begriff aus Jans Mund hat wirklich Seltenheitswert. Und wenn ich ehrlich bin, grenzt es ja ohnehin an ein Wunder, dass Jan heute mitkommt. Noch vor ein paar Monaten hat er mir nämlich nach einem von mir eingefädelten Yoga-Anfängerkurs klipp und klar zu verstehen gegeben, dass das so überhaupt nichts für ihn sei. Mein

Ziel, dass wir irgendwann mal zusammen auf spirituellen Pfaden wandern, zerschlug sich daher mit einem kurzen, aber durchaus aussagekräftigen Satz von ihm: »Du, Schatz, nie wieder!«

Ich war natürlich schwer enttäuscht über seine extreme Ablehnung und fühlte mich im Grunde gleich mit abgelehnt. Denn ich liebe Yoga und alles, was damit zusammenhängt. Die Menschen, die Mantren, die Musik – all das tut mir gut, deshalb hatte ich die leise Hoffnung, dass Jan ebenfalls dem Zauber dieser Welt erliegt. Aber eigentlich hätte ich es besser wissen müssen. Jan ist Perfektionist und will alles immer richtig machen. Von Anfang an. Der Weg ist das Ziel ist bei ihm nicht. Damit muss man ihm gar nicht erst kommen. Klar, dass er das Gefühl hatte, sich bei den ungewohnten Verrenkungen zum Affen zu machen. Da war auch mein kluger und ermutigend gemeinter Einwand »Es heißt auch Yoga üben und nicht Yoga können« vergebene Liebesmüh.

»Mir gefällt es aber nicht, basta. Und ich will nicht etwas machen, nur weil du es dir in den Kopf gesetzt hast. Oder willst du einen Mann, der alles tut, was du sagst?«

Natürlich habe ich damals nein gesagt und es auch fast so gemeint. Natürlich soll man sich nicht für den anderen verbiegen, also sprichwörtlich meine ich jetzt, aber zwei absolut autarke Singles innerhalb einer Beziehung – das muss doch wohl auch nicht sein. Manchmal fühlt es sich bei uns leider schon danach an. Dabei dachten wir am Anfang unserer Liebe noch, dass wir vorliebenmäßig auf einer Spur liegen. Die rosarote Brille saß damals eben noch ein bisschen fester auf der Nase.

Heute wissen wir: Jan liebt den Winter – ich den Sommer. Jan schwimmt – ich meditiere. Jan trinkt Saftschorle – ich Champagner. Jan steht auf Action – ich auf Arthaus. Jan schwört auf Technik – ich auf Emotionen. Jan schweigt – ich rede …

Wir schwimmen also nicht immer auf einer Welle, aber immerhin noch im gleichen Ozean. Das habe ich auch schon mal anders erlebt.

Mein allererster fester Freund hat mir schon kurz nach der ersten Verliebtheitsphase klargemacht, dass er absolut nichts von zu viel Zweisamkeit hielt. Er hat es mir sogar aufgemalt. Mitten in einem Streit über seine dauernden Kumpel-Abende kramte er Zettel und Stift hervor und krakelte zwei Kreise aufs Papier.

»Siehst du diese zwei Kreise«, sagte er, »die symbolisieren dein Leben und mein Leben. Und hier, hier gibt es eine Überschneidung, das ist dann unser gemeinsames Leben.«

Er tippte auf die kleine Fläche, und auch wenn ich nie eine Heldin in Mathe war, das erkannte ich dann doch: Die Schnittmenge unserer beider Leben schaffte nicht einmal die Fünf-Prozent-Hürde. Irgendwann hatte ich dann genug. Und zwar nicht nur deshalb, weil da plötzlich noch ein blonder, extrem gut bestückter Kreis hinzukam und mir mit Erfolg meinen Platz streitig machte. Ohne viel Worte, aber mit grimmigem Blick verpfiff ich mich aus dem Koordinatensystem des Mannes, auf dessen Wichtigkeitsskala ich all die Jahre irgendwo weit abgeschlagen hinter Job, Freunden und Sport rangiert hatte.

Jetzt habe ich Jan, und trotz allem, was es zu meckern gibt: Ihm ist unser Uns manchmal wichtiger als mir selbst. Was er heute mal wieder beweist. Denn: Ich werde im Leben kein Hallenbad für ihn betreten, doch er betritt in diesem Moment zum zweiten Mal in seinem Leben ein Yoga-Studio. Das gehört jetzt aber wirklich mal gewürdigt. Ich umarme Jan und raune ihm ins Ohr, dass ich sehr glücklich bin, dass er mit mir heute hier ist.

Jan raunt zurück: »Aber ommen tu ich trotzdem nicht.«

Manchmal ist es wirklich schwer, dem yogischen Weg des Gewaltverzichtes zu folgen.

Jan bleibt mein neu aufkeimender Missmut nicht verborgen. Er lenkt schnell ein und sagt, dass er sogar irgendwie gespannt ist, wie sich das mit dem Fliegen so anfühlt.

»Vor allem freue ich mich auf das Hinterher«, sagt er noch frivol lächelnd, bevor er in der Umkleidekabine verschwindet.

Oje oje oje, da hat aber mal einer große Erwartungen an das Ganze, und daran bin ich zugegebener Maßen nicht ganz unschuldig. Um Jan hierherzulocken habe ich ihm nämlich – unter dem Siegel der Verschwiegenheit, versteht sich – die Geschichte eines Paares erzählt, das von einer gemeinsam absolvierten Acro-Stunde so derart lustbeseelt nach Hause kam, dass die beiden es gerade noch auf den Küchentisch geschafft haben. So weit, so wahr. Allerdings habe ich eine nicht unwesentliche Kleinigkeit Jan gegenüber unerwähnt gelassen: Das Paar, welches da so völlig sexuell übersteuert aus einem Yoga-Studio gestolpert war, hatte mitnichten derart schwere Vollzugsprobleme, wie wir sie haben. Im Gegenteil. Sie gehören zu der seltenen Spezies, die trotz Haushalt, Job und Rettungsringen tatsächlich noch in regelmäßigen Abständen – also wöchentlich – ihre Libido auf Vordermann bringen. Und zwar völlig zwanglos und mit Spaß dabei. Daher gehe ich mal schwer davon aus, dass die Yogastunde bei ihrer eh schon exorbitant übersteigerten Lust nicht groß was in Fahrt bringen musste. Ich interpretiere das eher wie eine Art Bonussystem. Also wie bei Starbucks. Zehnmal was Heißes, dann gibt's was gratis obendrauf gestempelt oder so.

Jan hätte das sicherlich ähnlich gesehen, und dann wäre es nix geworden mit dem gemeinsamen Mattenzauber, und irgendwie ist es ja auch schön, mal was Neues auszuprobieren, und zwar zusammen und nicht jeder für sich. Wer weiß, vielleicht wirkt es ja tatsächlich. Immerhin ist man bei dieser Form des Yogas im ständigen Kontakt miteinander. Berührt und massiert sich sogar. Viel Nähe also, auf die wir zwei Distanzbolzen uns jetzt mal einlassen können. Und sollte es heute nur im Ansatz so sein wie in meinen üblichen Stunden, dann besteht tatsächlich die leise Hoffnung, dass sich wenigstens bei mir unten herum etwas rührt.

Nicht selten verspüre ich nämlich während der Asanas – so heißen die Yoga-Übungen –, wie sich nicht nur mein Geist, sondern auch mein Körper ganz weit öffnet. Und das fühlt sich manchmal nach was an, was ich seit ein paar Lichtjahren nur noch äußerst selten spüre: pure Lust. Wobei es natürlich ganz darauf ankommt, wer sich da vor oder neben einem in den »Nach unten schauenden Hund« bewegt. Es gibt da nämlich durchaus so ein paar Exemplare von Yogi-Männern und -Lehrern, da kann von banaler Männlichkeit keine Rede mehr sein. Anatomische Meisterwerke mit V-Körperformat trifft es dann schon eher. Klar sind sich diese Typen ihrer extremen Wirkung bewusst. Was heißt, sie trainieren nicht selten mit nacktem Oberkörper und berühren bei Partnerübungen gerne mal wie zufällig die Stellen, die einen auf der Stelle aus dem Handstand segeln lassen. Seufz.

Heute allerdings lässt sich keiner von diesen Typen blicken. Außer Jan, Waldemar, dem Yoga-Lehrer (ganz und gar kein Meisterwerk), und mir findet sich lediglich noch ein ziemlich stämmiger Mann in einer viel zu kleinen, lila Radlerhose im Yoga-Raum ein und wird von Jan prompt argwöhnisch beäugt.

»Puh, hoffentlich hält die Naht«, wispert mir Jan gespielt besorgt zu und löst damit bei mir einen unkontrollierten Kicheranfall aus.

»So, wenn wir jetzt dann mal alle im Raum und in der Stille ankommen wollen.«

Unser Lehrer sitzt bereits mit einer Klangschale im Anschlag auf einer der vier Matten und sieht uns nun geduldig dabei zu, wie wir uns ebenfalls auf den Boden sinken lassen. Auweia, jetzt wird bestimmt gleich geommt, denke ich und mache mich schon auf eine Protestreaktion von Jan gefasst. Vorsichtshalber streichle ich ihm schon mal beruhigend über den Arm. Hätte ich gewusst, was folgt, hätte ich ihm wohl eher ein Glas Schnaps besorgt.

»Wenn ihr jetzt bitte euren Kopf jeweils auf das Knie eures rechten Nachbarn legen könntet«, fährt Waldemar fort, und ich werfe mit Blick auf Jan ein schnelles »Warum?« dazwischen.

Waldemar erklärt uns daraufhin, dass im Acro-Yoga der Kreis als ein starkes Symbol des Teilens, aber auch der Einheit angesehen wird. Der Kreis lehrt uns, uns gegenseitig zu vertrauen und schlussendlich auch mit Liebe zu begegnen. Ha, ich würde mal sagen, die geometrische Beziehungsformel meines Exfreundes scheint durchaus leicht überholt. Während ich innerlich frohlocke, sitzt Jan wie ein Trauerkloß auf seiner Kautschukunterlage.

Habe ich erwähnt, dass Radlerhose neben ihm thront und bereits dabei ist, sein Knie in Position zu rücken? Und auch wenn es nicht die Radlerhose wäre – Jan mag nichts, was fremdmenschelt. Darum muss auch grundsätzlich ich die Knöpfe an Mautstationen und Fahrstühlen drücken. Ich sehe meinem Mann an, dass er schwer mit sich ringt.

»Jan, ehrlich, du musst das nicht machen«, flüstere ich ihm zu. Er lächelt mich schief an und macht es doch.

»Für uns«, sagt er ganz leise und verschließt krampfhaft seine Augen.

Der Kreis und die Liebe – es funktioniert. Wer braucht da schon Diamanten?! Ich bin stolz auf ihn, und deshalb ist es mir jetzt auch völlig egal, dass er beim darauffolgenden Oooooooooooom einfach mal so die Klappe hält. Das hat er sich jetzt echt verdient.

Nachdem wir die Eröffnungszeremonie hinter uns gebracht haben und der letzte Ton der Klangschale verhallt ist, springt Jan euphorisch auf und küsst mich für seine Verhältnisse geradezu innig auf den Mund.

»Was war das denn jetzt?«

Meine Frage ist durchaus berechtigt. Denn ein großer Küsser ist Jan eigentlich nicht. Ganz im Gegensatz zu mir. Was habe ich als Teenager mit David Hasselhoff geknutscht. Natürlich in Ermangelung des lebenden Objektes (in Ermangelung jedweder Objekte) lediglich mit einem Starschnitt des Knight-Rider-Stars. Das ging oft stundenlang. Bis ich wunde

Lippen hatte und das Bravo-Poster-Papier durchgeweicht und zerrissen war.

»Der hat mir über den Kopf gestreichelt«, flüstert mir Jan auf meine Frage hin zu und deutet mit dem Kopf auf den Radlerhosen-Mann.

Ah, daher weht Wind. Eine inszenierte Knutschshow, um zu zeigen, wohin der lustgetriebene Hase läuft, wenn er denn mal läuft. Gut, das Spiel spiele ich dann gerne mit. Viele Wege führen schließlich nach Rom ... oder ins Bett. Leider werden wir mitten im schönsten Züngeln von unserem Yoga-Waldemar unterbrochen, der uns nun die erste Akrobatikübung zeigen will. Und zwar mit mir als Partnerin. Was bedeutet, dass Jan die Übung mit ... ja, genau, machen muss.

»Kann ich das nicht mit meiner Frau machen?«, fragt er dann auch leicht angespannt nach und erntet ein mildes Lächeln von Waldemar.

»Fürs erste Mal ist es gut, wenn man einen Partner hat, der ungefähr die gleiche Statur hat wie man selbst«, erklärt er im ruhigen Ton.

An Jans Gesicht merke ich, dass für die nächste Woche wieder einmal mehr Schwimmen angesetzt ist.

Der Radl-Man klopft ihm derweil aufmunternd auf die Schulter. »Wir werden uns schon gegenseitig hochwuchten, was?«

Ade erotisches Nachspiel. Ade.

Während Jan noch irgendwas vor sich hin frotzelt, lässt Waldemar mich schon mal »fliegen«, sprich, ich liege mit der Hüfte bäuchlings auf seinen ausgestreckten Beinen und genieße nebenbei noch die nicht unangenehme Nackenmassage, die mir seine geübten Hände angedeihen lassen.

»Oh ahh, ja genau da.« Ich kann nicht anders, ich muss meiner Verzückung Raum geben. Als ich wieder festen Boden unter den Füßen habe, grinse ich wie ein Honigkuchenpferd.

»Das macht echt Spaß«, sage ich zu Jan und ernte einen letzten finsteren Blick, bevor er sich rücklings auf die Matte legt, um nun seinerseits, assistiert von Waldemar, die Radlerhose fliegen zu lassen. Das ganze Konstrukt schwankt gefährlich hin und her, aber schlussendlich hat Jan es geschafft. Ich klatsche in die Hände.

»Toll Schatz, das sieht echt gut aus, wie du das machst«, versuche ich meinen Liebsten bei Laune zu halten, der jetzt mit spitzen Fingern im schwitzigen Nacken seines Partners herumgräbt. Dieser hat die Augen geschlossen und stöhnt vor Wonne. Da fällt mein Blick auf seine Nase. O Gott, denke ich, und laut rufe ich:

»Jan, pass … auf!«

Zu spät. Plop. Von der Radlerhosen-Nase tropft ein dicker Schweißtropfen direkt auf den Mund meines Mannes.

»Schatz, nie wieder – ich schwöre.« Theatralisch werfe ich drei Finger aufs Herz, während Jan wenig später schrubbenderweise unter der Dusche steht.

»Was nie wieder, Mama?«, gähnt Paul, der zu seiner obligatorischen nächtlichen Pinkelpause hereinkommt und meine letzten Worte vernommen hat.

»Mama und Papa wollen nie wieder Flieger spielen«, erkläre ich ihm. Paul sieht mich verständnislos an. Dann tönt mir ein lautes, ungeduldiges »Was?« entgegen.

Ich erspare mir weitreichende Erklärungen, stattdessen lege ich mich auf die Bademutte, hebe ihn bäuchlings auf meine Füße und lasse ihn durch die Luft segeln. Paul juchzt vor Vergnügen. Jan, der mittlerweile der Nasszelle entsprungen ist, legt sich neben mich auf den Badvorleger und brüllt plötzlich laut: »Doppeldecker!«

Paul fliegt – gehalten von uns beiden und voller Vertrauen. Paul – das sind wir. Jan scheint das auch zu spüren, denn er nimmt meine freie Hand, und für einen kurzen Augenblick schließt er sich – unser kleiner Kreis.

Den wollen wir dann später im Bett nicht durch erzwungene Erotik unnötig gefährden. Zumal der kleine schlafende Flieger seine Landebahn für heute Nacht zwischen Jan und mir gewählt hat. So was aber auch …

Auf Biegen und Brechen
zum Gipfel

»Kamasutra, das Bettsportquartett?« Ungläubig lese ich die Beschreibung auf dem Kartenspiel, das Jan Sekunden zuvor aus einem Amazon-Paket gefischt hat und mir jetzt beim sonntäglichen Frühstück präsentiert. Gut, dass Paul noch bei der Oma weilt.

»Ich dachte, wir gehen mal ein bisschen spielerisch an die ganze Sache ran«, grinst Jan mich über das Nutella-Glas hinweg an.

»Aha«, sage ich und starre auf das Comic-Pärchen, das auf der Vorderseite der Verpackung in eindeutiger, wenn auch anatomisch völlig verquerer Position abgebildet ist. Während ihm – also dem Comic-Männchen – der Sabber herunterläuft, drückt es ihr die Augen unnatürlich aus den Höhlen. Zombie-Sex, warum nicht? Jan betrachtet mittlerweile höchst amüsiert die einzelnen Karten und reicht sie an mich weiter.

Irgendwie schon verrückt, was aus dieser Welt geworden ist. Früher musste man für sexuelle Stimulationsmittel persönlich bei Beate vorbeischauen und sich peinlich berührt durchs Sortiment wühlen. Heute reicht schon ein Klick zum vermeintlich perfekten F…

Nein, ich hab's ja nur gedacht, laut sage ich: »Toll!« Und höre mich dabei an wie eine leiernde Schallplatte. So merkt auch Jan: Meine Begeisterung hält sich schwer in Grenzen. Eigentlich bin ich schon fast ein bisschen enttäuscht. Nicht wegen des Kamasutras – die Idee ist eigentlich nicht schlecht. Aber die Umsetzung erinnert dann doch eher an einen alkoholschweren Landjugendabend als an indische Berührungs- und Kopulationsästhetik. Das Spiel hat einfach etwas Billiges an sich, und das liegt sicherlich nicht nur am Preis von 1 Euro 99, der da unübersehbar auf der Verpackung prangt.

»Ach komm«, sagt Jan. »Ich glaube, das könnte ganz lustig werden.«

Ich glaube das nicht.

»Ich weiß nicht, Jan, aber wenn wir schon keinen normalen Sex hinkriegen, wie soll denn das dann funktionieren?« Zur Untermalung meiner Worte halte ich ihm eine Karte entgegen, auf der man bei dem illuster illustrierten Paar schon gar nicht mehr erkennen kann, was da jetzt genau unten und oben ist.

»Heißt doch auch Sex üben und nicht Sex können«, verunstaltet Jan nun mein allgegenwärtiges Yoga-Mantra zur billigen Retourkutsche. So ganz hat er mir den Acro-Kurs wohl doch noch nicht verziehen.

»Schon, aber um Sex überhaupt zu praktizieren, muss man

auch Lust aufeinander haben«, schließe ich den Kreis unserer Probleme. Jan hört mir allerdings schon gar nicht mehr so richtig zu.

»Guck mal, da ist ja sogar ein Kondom dabei.«

Jan zieht triumphierend ein silbernes, verschrumpeltes Etwas aus der Verpackung und hält es wie die Meisterschale in die Höhe.

»Toll, aber du stehst doch gar nicht auf die Dinger.« Schallplatte, die zweite Seite. Jan lässt seinen Arm sinken. »Du findest es doof, oder?«

Die Enttäuschung in seiner Stimme ist nicht zu überhören. Mein Schulterzucken ist Antwort genug. Jan sieht auf das Kondom in seiner Hand. »Na ja, ist eh schon abgelaufen.«

Resigniert geht er zum Küchenmüll und schmeißt Pariser und Kartenspiel hinein. Das tut mir leid. Nicht die zwei Euro, sondern die Tatsache, dass Jan es einfach nur gut gemeint hat und ich mal wieder nicht zufrieden bin.

Ich versuche die Situation zu retten. »Wir können uns doch auch ein Buch übers Kamasutra kaufen, mit schönen Bildern zum – Erst-mal-Gucken.«

Und außerdem können wir den Erotik-Schinken dann auch gut als ansprechendes Deko-Element in unserer hauseigenen Bibliothek versenken, denke ich mir noch insgeheim dazu. Lockert bestimmt jede hausinterne Party gewaltig auf.

Jan schnauft verächtlich. »Bilder sind auf den Karten auch, außerdem, wenn du im Bett erst mal ein Buch in der Hand hast, geht doch eh nichts mehr.«

Patsch, das hat gesessen, vor allem weil er recht hat. Keine Frage: Ich lese gerne. Und zwar vorzugsweise abends im Bett. Und ja, meine Lust auf das geschriebene Wort ist mittlerweile deutlich größer als meine Lust auf die getriebene Tat. Bücher sind für mich nicht nur Zeitvertreib. Bücher und die Phantasiewelten darin sind für mich die besten Verstecke vor den unschönen Seiten der Realität. Schon als Kind ging ich damit so manchem Problem und manchmal auch meiner Einsamkeit aus dem Weg. Und einsam fühle ich mich tatsächlich nicht selten auch in unserem Ehebett, auch wenn Jan nur Zentimeter von mir entfernt schläft. Aber eben die Art, *wie* er schläft …

Einmal, in einem ganz fiesen, traurigen Moment, habe ich Julie mitten in der Nacht via Skype vorgeführt, was ich meine, wenn ich sage: »Jan kokoniert sich ein.« Ich brauchte einfach eine Bestätigung, dass das echt nicht normal war. Die bekam ich dann auch lautstark.

»O mein Gott, das ist ja voll spooky«, brüllte sie durch die virtuellen Welten. Ich schäme mich noch heute für diese Aktion und bin heilfroh, dass Jan von ihrem hysterischen Gegacker nicht aufgewacht ist. Waren eben auch gut eingemummelt, die Ohren.

»Ich lese, und du schläfst – passt doch!« Irgendwie kann ich auch jetzt nicht klein beigeben.

»Ich würde aber besser schlafen, wenn das Licht nicht die halbe Nacht brennt und du neben meinem Ohr herumraschelst.«

Na super, wenn es nur das ist, worum es ihm geht. Beleidigt beiße ich in meine dritte Nutella-Semmel.

»Du und dein Schlaf«, presse ich mühsam hervor. Mein Mund ist nämlich bis zum Rand mit Schokocreme gefüllt.

»Ich möchte einmal erleben, dass du einfach mal so mitten in der Nacht über mich herfällst.«

Schokocreme überall.

Jan sieht mich belustigt an. »Als ob du dann mitmachen würdest.«

»Als ob du es jemals tun würdest!«

Jan sieht mich an, denkt kurz nach und schüttelt den Kopf. »Wahrscheinlich nicht.«

»Und warum nicht?« Das interessiert mich jetzt wirklich.

Jan muss wieder nicht lange überlegen. »Weil ich keine Lust auf eine Abfuhr habe, und mal ehrlich, die würde es doch geben, oder?«

Wir sehen uns über den Küchentisch hinweg an und kennen beide die Antwort, dennoch lasse ich nicht locker. »Aber wenn dein Herz dir sagt, du sollst es tun, dann tu es doch, und versuch nicht schon wieder, daran zu denken, was ich darüber denken könnte – ich sag dir das dann schon.«

»Da bin ich mir sicher.« Eigentlich eine Gemeinheit, aber dazu lächelt er mich versöhnlich an und winkt mich zu sich. Also mache ich es mir auf seinem Schoß bequem – seit einer Weile unser wochenendliches Wir-vögeln-zwar-nicht-aber-immerhin-Frühstücksritual. Minutenlanges Halten, einfach nur so. Jedenfalls wenn's gut läuft. Und wenn's noch toller läuft, sogar minutenlanges Klappehalten. Ist doch eigentlich gar nicht so kompliziert, die Sache mit der Nähe.

Am nächsten Morgen ertappe ich Paul dabei, wie er wieder einmal unseren Küchenmüll durchforstet. Ein Fünfjähriger kann nämlich alles gebrauchen – egal ob es sich um eine verschimmelte Joghurtpackung, eine kaputte Teetasse oder eben ein Kamasutra-Kartenspiel handelt. Eigentlich müsste ich unseren Müll, sobald er entsteht, sofort auf dem Balkon verbrennen. Leider haben wir keinen Balkon.

»Guck mal, Mama, was ich gefunden habe!« Begeistert starrt Paul mit großen Augen auf das sündige Quartett in seiner Hand. Dann wird sein Blick vorwurfsvoll.

»Das hat bestimmt wieder die Putzfrau weggeschmissen – die ist nicht gut.«

»Ähm, doch die ist schon gut«, verteidige ich unsere polnische Perle nicht ohne aufkeimendes Schuldgefühl.

»Aber die schmeißt immer alles weg.«

»Na ja, manchmal weiß Agnez es halt nicht besser.«

Meine Verteidigung kommt ziemlich mau daher. Und eigentlich würde ich auch gerne schnell das Thema wechseln. Denn natürlich ist es nicht unser Reinigungsengel, der unserem Sohn wöchentlich und heimlich sein mühsam angesammeltes Messi-Material unterm Hintern wegzieht. Doch welche Mutter will sich schon selbst in die Bredouille bringen? Da wählt sie dann doch lieber die vermeintlich trotzfreiere Variante, heuchelt Anteilnahme und notlügt ein bisschen um die Wahrheit herum. »Mensch Süßer, jetzt hat die Putze doch glatt aus Versehen deine gefühlt tausend Käferleichen und deine angetrockneten Regenwürmer eingesaugt.« Der Himmel möge mir das verzeihen – aber warum sich selbst die Hölle auf Erden ins Haus holen …

»Wie geht das?« Paul wedelt mit dem frivolen Kartenspiel vor meiner Nase herum.

»Das ist nix für dich, das gehört Mama und Papa.« Mein Ton ist ungewollt scharf. Erschrecken tut das aber nur mich. Paul bleibt davon unbeeindruckt. Statt klein beizugeben, stampft er wütend mit seinen nackten Füßen auf dem Küchenfußboden herum.

»Das ist voll unfair, Mama, du sagst immer, was man gefindet hat, darf man behalten.«

»Gefunden heißt das, und außerdem hab ich das so nie gesagt.«

Warum rechtfertige ich mich eigentlich schon wieder?

Ich streichle Paul über den Kopf. »Das ist echt nur was für Große, Kleiner.«

Paul starrt nachdenklich auf das Päckchen. »Was machen die da?«

Er meint natürlich das Pärchen auf der Vorderseite.

»Äh, die, äh, machen Yoga.« Gerade noch mal die Kurve gekriegt.

»Yoga ist doch voll doof. Sagt Papa auch.«

Paul verdreht die Augen und lässt mich samt Kartenspiel stehen. Mit Papa werde ich demnächst noch ein Hühnchen rupfen.

Nachdenklich starre ich auf das Spiel in meiner Hand und fische nacheinander ein paar Spielkarten aus der Schachtel. Gespaltener Bambus, Triumphwagen, Pferdestellung … Und dazu jeweils passend eine Kamasutra-Abbildung des abgehalfterten Comic-Pärchens. Irgendwie schon lustig. Vor allem die Stellung der »Herrscherin« gefällt mir sehr gut. Da drückt es nämlich ihm mal die Glubscher raus. Vielleicht hat Jan ja doch recht. Vielleicht muss man sich bei so einem ernsten Thema einfach mal ein wenig locker machen und die Sache von der spaßigen Seite aufziehen. Da fällt mein Blick auf die Mitspieler-Angabe, und da kommt mir doch glatt eine Idee …

»Wie, du willst das zusammen mit anderen spielen?« Jan drückt die Stummtaste auf der Fernbedienung und sieht mich mit großen Augen an. »Warum?«

So wie er sich anhört, könnte man meinen, ich plane eine Orgie. Dabei habe ich nur mal in den Raum geworfen, dass man das Kamasutra-Spiel ja auch mit einem anderen Pärchen spielen könnte. Im Grunde sollte er froh sein, dass ich dem Ganzen noch eine Chance gebe. Ich versuche Jan zu erklären, dass damit ein gewisses Prickeln in der Luft schon vorprogrammiert ist. Und genau das fehlt uns ja sonst in unserer Beziehung. »Das heißt ja nicht, dass es gleich im ultimativen Partnertausch mündet«, beende ich meine Ausführungen und sehe Jan abwartend an.

»Aber du schließt nicht von vornherein aus, dass es passieren könnte?« Jans Blick ist forschend.

»Weiß ich doch nicht, das muss man dann nehmen, wie es kommt.«

Jetzt sieht Jan mich an. »Nehmen, wie es kommt – aha.« Er versucht, betont ruhig zu bleiben.

Ich schalte einen Gang runter. »Das ist doch im Grunde auch nix anderes als einer deiner Schafskopf-Abende.«

Jan prustet. »Wir spielen aber nicht nackt, und vor allem spielen wir nicht aneinander rum.«

»Könntet ihr aber«, werfe ich ketzerisch in den Raum.

Jan sieht mich an, als wäre bei mir ein kompletter Schraubensatz locker. »Ich spiele mit meinem Vater und meinen Schwestern, falls du es vergessen haben solltest.«

Gut, es war ein blödes Beispiel.

»Vielleicht ist es ja auch ein bisschen so wie Flaschendrehen.«

Ich leiste wirklich immense Überzeugungsarbeit, und mal ehrlich, Flaschendrehen war schon immer ein echtes Highlight auf jeder Teenager-Geburtstagsparty. Mein erstes Mal fand heimlich im Keller einer Freundin statt. Fünf Mädels, drei Jungs, wobei nur einer von denen des Knutschens würdig war. Er war schon fast dreizehn (wir alle erst elf), und man munkelte, dass er schon mal – also so richtig … Was war das doch immer für ein Gekreische, wenn der Flaschenhals auf ihn zeigte. Mir blieben seine vollen Lippen allerdings verwehrt. Worüber ich im Nachhinein auch ziemlich froh war. Denn später erfuhr ich dann, dass er bereits im zarten Alter von sechzehn Jahren den ersten Kinderwagen durch die Straßen schipperte. Dennoch, die Aufregung und das Vibrieren von damals in der Magengegend kann ich heute noch förmlich spüren. Auch Jan scheint sich nun an derartige Erlebnisse zu erinnern und wirkt plötzlich gar nicht mehr so völlig kontra.

»Und wen hast du dir so als Spielpartner vorgestellt?«

Ha, seine Frage kommt unschuldiger daher, als sie eigentlich gemeint ist. Mir ist schon klar, was Jan insgeheim denkt: Mal sehen, auf welchen Typen in unserem Freundeskreis sie es abgesehen hat.

»Lene und Erik vielleicht.« Ich versuche meiner Stimme einen bewusst unschuldigen Touch zu geben. Außerdem kann er bei den beiden eigentlich wirklich nichts sagen. Sie sind unsere Trauzeugen, Pateneltern unseres Sohnes und schon ewig mit uns befreundet. Da droht wirklich keine Gefahr. Ich höre Jans Gehirn förmlich rattern. Dann macht's plötzlich pling, und ein schelmisches Grinsen huscht über Jans Gesicht.

»Lene also«, sagt er geradezu fröhlich.

»Und Erik«, füge ich leicht konsterniert hinzu.

Jan nickt. »Lene. Hmmm. Ja, warum nicht?!«

Und jetzt strahlt er.

Error. Error. Error.

Später im Bett holt mich das ganze Thema wieder ein. »Sag mal, Schatz, träumst du manchmal von anderen Frauen?«

Jan sieht mich belustigt an. »Das tun doch alle Männer.«

Mein Gehirn schaltet fast automatisch auf Zickenmodus. »Ach ja, und von wem träumst du so? Von Lene vielleicht?«

Jan lacht. In meinen Ohren klingt es nach Übersprunghandlungslachen, aber eine Antwort bekomme ich nicht.

»Du träumst also von Lene«, schlussfolgert meine eheweibliche Logik.

»Ich träume nicht von Lene.« Jan wirft mir einen genervten Blick zu. »Träumst du denn von anderen Männern?«

Hallo, ich war noch nicht fertig! Außerdem ist mir die Frage furchtbar peinlich. Ich träume nämlich nicht von anderen Männern. Ich träume momentan nur von einem Mann, und zwar fast jede Nacht.

Jan sieht mich abwartend an. »Und, wer ist es?«

»Du darfst aber nicht lachen, okay?«

Jan schwört.

»Dieter Bohlen – es ist Dieter Bohlen«, gebe ich zerknirscht zu. Minuten später wiehert Jan immer noch wie ein hysterischer Gaul vor sich hin. Hätte ich nur meinen Mund gehalten. Zu meiner Ehrenrettung versuche ich anzumerken, dass der Typ in meinen Träumen viel netter ist als im Fernsehen. Fast schon charmant und liebenswert. Jan fällt daraufhin vor Lachen fast aus dem Bett.

»Du bist echt doof«, sage ich und wende mich beleidigt von ihm ab. Was kann ich denn dafür, dass mein Unterbewusstsein so auf Macher-Typen abfährt. Eine Freundin von mir nannte das mal lapidar Geschäftsführer- und Chef-Syndrom. Weil ich eben auf Kerle abfahre, die eine wie auch immer geartete Stärke und Souveränität ausstrahlen. Natürlich weiß ich heute, Hunderte von Therapiestunden und mehrere Versuchsmänner später, dass das nicht mein Weg zum Glück sein kann. Aber träumen darf man ja wohl.

Also jedenfalls ich. »Und von wem träumst du, wenn nicht von Lene?«, halte ich Jan die imaginäre Vernehmungslampe ins Gesicht.

Schlagartig hört Jan auf mit seinem Gekicher. »Das kann ich dir nicht sagen.«

Darauf war ich nicht gefasst. Man muss kein Einstein sein, um die finstere Bedeutung dieser Worte zu erahnen. »Ich kenne sie also persönlich?«

Schweigen. Also ja. Nicht aufregen, lieber mal tief durchatmen. Fällt mir aber schwer. Es ist nun mal was anderes, ob man wie ich von einem unerreichbaren Titanen oder von den gut erreichbaren Titten der Nachbarin träumt. Ich kann nicht verhindern, dass mir der Kamm schwillt. »Na los, sag, ich werde es schon verkraften.« Wenigstens schaffe ich es, mich betont gelassen zu geben. Unter der Bettdecke krallen sich derweil meine Zehennägel in der Matratze fest.

Jan windet sich wie ein gefangener Aal. »Ach komm, Schatz, das ist doch unwichtig, warum willst du dich denn selber quälen, es war auch nur ein einziges Mal.«

»Wer?« Jegliche Freundlichkeit ist aus meiner Stimme gewichen, trotzdem schaffe ich es noch, nicht schon vorab auf ihn einzuprügeln.

Jan gibt sich geschlagen und gesteht …

Zwei Stunden später liege ich immer noch hellwach und überaus aufgewühlt im Bett. Jans Traumfrau ist definitiv jünger, hübscher und vor allem schlanker als ich. Ab morgen: Diät und Botox und Haarextension. Jan hat doch tatsächlich von seiner ehemaligen Praktikantin geträumt. Von diesem überzüchteten Modefrettchen, dieser verzogenen Bohnenstange ... Ahhhhh.

Ich hasse Klischees – von ganzem Herzen. Erst recht, wenn sie nicht einmal mehr vor meinem Schlafzimmer haltmachen.

Flotte Nudel

Mit Jans »Traumfrau« war ich dann doch ein paar Tage länger beschäftigt als gedacht. Zum einen, weil das Objekt seiner Begierde so offensichtlich völlig jenseits meiner Optik angesiedelt ist – also nix mit klassischem Beuteschema oder so –, zum anderen, weil ich tatsächlich einen Hauch von Eifersucht verspüre. Oder war es dann doch eher der Neid ob der unerreichbaren Jeansgröße, den Model-Maßen und der langen, topgestylten Mähne auf ihrem Kopf? Letzteres wird man bei mir nämlich nicht finden. Ich trage kurz. So kurz, dass mich ein naher, wenig einfühlsamer Anverwandter in großer Runde einmal nach der Adresse meines Herrenfriseurs gefragt hat. Fand ich natürlich überhaupt nicht witzig. Zumal man bei näherer Betrachtung durchaus eine gewisse Systematik in meiner Frisurenwahl ausmachen kann. Je länger ich in einer Beziehung bin, desto kürzer werden die Haare. Sprich, ich beraube mich freiwillig einem Teil meiner weiblichen Reize. Große Brüste mag ich im Übrigen ebenfalls nicht – zumindest nicht an mir. Dementsprechend heulte ich wie ein Schlosshund, als kurz nach der Geburt unseres Sohnes die Milch einschoss und mein Busen zu Vollmondgröße anschwellen ließ. Jan hingegen war schwer beeindruckt ob meiner Megamöpse und schoss gleich mal ein paar Bilder mit unserer Digitalkamera. Gut, dass der ganze Spuk nach circa einem Tag auch schon wieder vorbei war und mich Paul gottlob binnen eines halben Jahres zurück auf Körbchengröße 75 B gesaugt hatte.

Man könnte also sagen: All das, was Männer anmacht, mach ich nicht mit. Vielleicht macht es deswegen Jan auch nicht mehr mit mir. Vielleicht findet er mich einfach nicht mehr attraktiv. Vielleicht sollte ich es als klares Signal werten, dass er einfach keinerlei positive Signale sendet, wenn ich zum Beispiel frisch vom Friseur komme. Er sagt einfach nix, beziehungsweise er sagt so lange nix, bis ich was sage, und dann sagt er meistens: »Du, Schatz, hinten ist jetzt diesmal aber wirklich arg kurz geworden. Aber es wächst ja immer schnell bei dir, stimmt's?«

Tja, manchmal sollte man es einfach bei nix belassen. Oder aber mal grundlegende Veränderungen anstreben.

»Du, ich habe mir überlegt, ob ich mir die Haare wachsen lasse. Wie findest du das?«, frage ich meinen Ehemann daher eines Abends aus der Badewanne heraus. Jan, der sich gerade die Zähne putzt, hält abrupt in seiner Bewegung inne und sieht mich äußerst bestürzt an.

»Warum das denn?«, blubbert es zeitgleich mit einem Schwall Colgate-Schaum aus seinem Mund hervor. Ich habe ja mit allem gerechnet. Begeisterungsrufe, Zustimmung etc.,

aber nicht mit einer dermaßen seltsamen Reaktion. Kopf-
schüttelnd sehe ich ihn an.

»Ich dachte, dass ich dadurch vielleicht wieder etwas weiblicher rüberkomme.«

Auf meine Erklärung hin spuckt Jan erst einmal aus und
fängt unkontrolliert an zu husten. Und ich sag ihm immer,
dass er die Zahnpasta nicht auf die Bürste schmieren soll wie
ich das Nutella aufs Brot.

»Bitte, Schatz«, presst Jan hervor, als er halbwegs wieder
klar sprechen kann und auch seine Augen aufgehört haben,
Tränen zu produzieren.

»Bitte nicht, das ist doch, also, das ist doch irgendwie …«

»Das ist was?«, hake ich nach.

»Ein bisschen eklig«, stammelt er hervor.

Jetzt verstehe ich gar nichts mehr und bin ehrlich gesagt
doch leicht verschnupft über sein Verhalten. Es ist nämlich nicht schön, wenn der eigene Ehemann sich vor einem
graust – und ich weiß, wovon ich spreche. Sobald sich bei mir
nur im Ansatz ein Herpesbläschen bemerkbar macht, hört
Jan sofort auf, mich zu küssen. Ich geh sogar so weit, zu behaupten, dass er meine Nähe meidet wie der Teufel das Weih-
wasser. Klar, dass mich das verletzt. Ein Furunkel im Gesicht,
und sei es noch so winzig, ist nichts Schönes, aber wenn der eigene Mann einen deswegen dann auch noch ablehnt; da kann
die Löwin doch nichts anderes tun, als die Krallen ausfahren.
Sprich sich in eine heftige Diskussion stürzen. Denn für mich
ist Jans Verhalten hinsichtlich meines temporären körper-
lichen Makels nur einmal mehr eine Demonstration seiner
fehlenden Zuneigung und seines mangelnden Verständnisses

für mich und meine Bedürfnisse. Die Gegenseite sieht das im umgekehrten Fall allerdings ganz genauso.

»Schatz, wenn man jemanden liebt, dann knutscht man ihn auch mit einem ›Röschen‹ auf den Lippen«, sage ich.

Und er sagt: »Schatz, wenn man jemanden liebt, dann will man doch nicht, dass der sich mit etwas ansteckt, das dann immer wiederkommt.«

Da steht Aussage gegen Aussage, und bis heute konnten wir diesbezüglich keine Einigung erzielen. Das sägt mächtig an meinem Selbstwertgefühl und bestärkt mich in meiner ohnehin ziemlich festen Überzeugung, dass Jan mich mittlerweile nicht mehr so wahnsinnig begehrenswert findet. Denn welcher Mann, der wirklich scharf auf seine Frau ist, lässt sich von so kleinen, zugegebenermaßen unschönen Widrigkeiten in seinem Treiben abhalten? Eben. Abgesehen davon war es mir vor Jahren auch total schnuppe, als Jan, also, als er unten … Ach, lassen wir das.

Jan hat mittlerweile seine dreiminütige Zahnreinigung hinter sich gebracht. Er setzt sich auf den Badewannenrand und spielt mit den Schaumkronen, pustet mir eine davon ins Gesicht.

»Ist das wirklich dein Ernst mit dem Wachsenlassen?«, fragt er mich unsicher, während ich ihm nun ebenfalls Schaum ins Gesicht blase.

»Was hast du denn, früher war es doch auch viel länger?«, versuche ich seinem Gedächtnis auf die Sprünge zu helfen.

Jan runzelt die Stirn. »Echt, da kann ich mich jetzt gar nicht mehr so daran erinnern.« Er sieht mich von oben bis unten an. »Ehrlich, Schatz, mir gefällt es rasiert aber wirklich besser.«

So, jetzt ist der Moment gekommen, mal kurzfristig abzutauchen. Lange halte ich es unter Wasser allerdings nicht aus, denn es lacht sich einfach viel leichter an der Oberfläche. Ich fass es nicht. Ich hab zwar mal gehört, dass Männer immer nur an das Eine denken, aber doch eigentlich nicht Jan. Und dann noch dieser Blick von ihm. Die pure Angst steht darin zu lesen. Jetzt dachte mein werter Mann doch tatsächlich, ich würde mich dem Wildwuchs hingeben, und zwar nicht auf meinem Kopf, sondern in weitaus intimeren Regionen. Nein, so weit ist es dann doch nicht mit mir. Auch wenn man sich eigentlich schon mal berechtigterweise die Frage stellen muss:

Warum die Autobahn von überschüssigem Laub befreien, wenn offensichtlich bis auf Weiteres mit keinerlei Verkehr mehr zu rechnen ist?

Aber ehrlich gesagt bin ich diesbezüglich auch eigen. Exorbitant ausuferndes Buschwerk ist nichts für mich. Darum musste Jan mir auch während der letzten Schwangerschaftsmonate nicht wie von der Hebamme gewünscht den Damm massieren, sondern sich lieber darum kümmern, dass der Rasen gemäht ist. Hallo, ich selbst konnte gerade mal noch bis zum Ansatz meines Nabels sehen. Außerdem hat er es echt gerne gemacht, und soweit ich mich erinnern kann, war die Zeit meiner Trächtigkeit dann auch eine unserer sexuell aktivsten. Ich war dick, aber es war mir Scheiße noch mal so was von egal. Tja, leider konnte ich wenig von dem guten Gefühl von damals ins Heute hinüberretten.

Aber immerhin, seit langer Zeit können Jan und ich mal wieder so richtig herzlich miteinander lachen. Übermütig spritze ich Jan einen Schwall Wasser ins Gesicht.

»Du bist echt ein Idiot. Kennst du mich denn überhaupt nicht?«

Jan grinst. »Schon, drum hat es mich auch so gewundert.«

Wir lachen wieder. Dann zupfe ich ihn lockend am Ärmel. »Magst du nicht zu mir in die Wanne kommen?«

Jan verzieht das Gesicht. »Ach nee, dass ist immer so eng und unbequem – lass uns lieber im Bett noch ein bisschen quatschen.«

Als ob ich was von quatschen gesagt habe. Aber gut, Gemeinsam-in-der-Badewanne-Sitzen stand noch nie sehr hoch im Kurs bei uns. Geschweige denn darin vögeln. Ein einziges Mal in unserer Beziehung kam es mal zu so etwas Ähnlichem wie Wannen-Sex. Mit dem Ergebnis, dass ich fast ersoffen wäre und Jan sich beinahe sein Pimmelchen gestaucht hätte. Ganz zu schweigen von der Überschwemmung, die wir anrichteten. Seitdem ist das Badezimmer absolut sexfreie Zone. Nicht einmal gemeinsam Duschen kommt uns mittlerweile noch in den Sinn. Aber eigentlich könnten wir das ja mal wieder einführen. Gleich morgen vielleicht. Oder übermorgen …

Als ich wenig später nackt ins Schlafzimmer tipple, lässt Jan tatsächlich einen bewundernden Pfiff hören. Ganz blind scheint er dann wohl doch noch nicht zu sein.

»Du hast so einen schönen Körper, Schatz.«

Okay, doch blind. Schöner Körper, pah. Ich stehe vor dem Spiegel und drücke frustriert und wenig gefühlvoll an meiner Hüfte herum. »Guck doch mal, Jan, alles Fett und hier die Beine, die sind einfach nur dick.«

Jan verdreht die Augen. »Ja stimmt, wie konnte ich das nur übersehen?! Echte Stampfer, die du da hast.«

Sagt er, dass ich hübsch bin, glaube ich, er will mir nur schmeicheln, stimmt er mir ironisch zu, dass ich hässlich bin, überhöre ich die Ironie und hasse ihn dafür. Heute sage ich einfach nur »Arsch« und schlüpfe lachend in mein Nachtgewand: ausgewaschenes Metallica-T-Shirt, ausrangierte Boxershorts von Jan und Erb-Stricksocken von Oma. Die Flodder-Kombi. Jan findet meinen Aufzug süß. SÜSS, nicht sexy.

Aber ich kann mich einfach nicht zum seidenen Negligé comitten, geschweige denn völlig nackt schlafen. Da fühle ich mich einfach tendenziell unwohl. Lieber ersticken, als sich die Blöße einer freiliegenden Blöße geben.

»Hast du eigentlich schon mit Lene gesprochen?«, fragt mich Jan, während ich mich unter meine Decke grabe.

»Nee, mach ich morgen«, nuschel ich wenig überzeugend. Denn eigentlich weiß ich überhaupt nicht, wie ich dieses Thema mit dem von uns angedachten Kamasutra-Vierer am besten bei meiner Freundin anbringen soll.

Lene und ich kennen uns jetzt über zehn Jahre, und sie hat wirklich schon einiges mit mir mitgemacht. Aber ob sie so weit geht, sich auf einen etwaigen Partnertausch einzulassen? Das ist ja schon harter Tobak. Vor allem, wo sie selbst mir vor vielen vielen Jahren mal klargemacht hat, dass sie sich keinesfalls auf mich einlassen würde. Allerdings hatte auch ich damals mitnichten so etwas im Sinn.

Es war Valentinstag, wir waren beide solo und landeten nach einer berauschenden Partynacht todmüde in Lenes Bett – und zwar ziemlich weit voneinander entfernt. Trotzdem stellte Lene noch kurz vor Sandmann mit leicht schwerer Zunge klar: »Du, swisch'n uns läuf't nix, okay? Macht nur unsesese Freun'schaft kabbutt.«

Ich weiß noch, wie ich daraufhin abwehrend meine Hände hob und ihr erklärte, dass sie gar nicht mein Typ sei, also wenn ich auf Frauen stehen würde. Lene gab mir daraufhin einen Kuss auf den Mund und schlief völlig beruhigt in meinen Armen ein.

Seufz, Frauenfreundschaften. Am anderen Tag erwachte ich seltsamerweise ohne Höschen, und Lene fand es Tage später in ihrer Kruschtelschublade wieder. Hmm.

Wenn Lene damals schon auf Freundschaft gepocht hat, wird das doch heute nicht anders sein. Zumal das frivole Quartettspiel echt noch mal eine ganz andere Nummer ist. Dürfen wir unsere Freunde wirklich für derartige Lust-Zwecke missbrauchen?

Als ich Jan diese Frage stelle, wird auch er nachdenklich.

»Vielleicht müssen wir uns die Spielpartner doch anderweitig besorgen.«

Verwirrt sehe ich ihn an, und meine folgende Frage kommt dann zugegebenermaßen auch reichlich naiv daher. »Hä, woher denn?«

Jan lächelt mich milde an. »Na, vielleicht nicht gerade von Amazon, aber vielleicht ja aus der Zeitung. Da gibt's doch diverse Rubriken mit Leuten, die auf die sonderbarsten Dinge stehen.«

Mir muss das blanke Entsetzen aus dem Gesicht triefen, denn Jan rudert sofort zurück.

»War ja nur so eine Idee.«

Ich fixiere ihn mit finsterem Blick. »Hast du schon mal so eine Nummer aus der Zeitung gewählt?«, frage ich ihn und lasse ihn dabei nicht aus den Augen.

Jan schüttelt augenblicklich den Kopf. »Natürlich nicht, Schatz. Wie kommst du denn jetzt auf so was?«

Kann er natürlich nicht wissen, wie ich jetzt plötzlich auf so was komme. Und darum sage ich es ihm jetzt auch. »Weil wir keinen Sex mehr haben, Jan, und weil mein erster Freund so 'ne Zeitungshotline angerufen hat, als ich mit ihm irgendwann auch keinen Sex mehr hatte, und weil ich dann völlig aus Versehen mit anhören musste, wie er sich am Telefonhörer einen abstöhnte.«

Mein Mann sagt jetzt erst einmal gar nichts mehr, sondern starrt mich nur mit weit geöffnetem Mund an.

»Außerdem könnte ich es ja mittlerweile sogar irgendwie verstehen, wenn du es tun würdest«, füge ich meinem abflauenden Redeschwall noch leise hinzu.

Jan zieht mich zu sich auf die Brust, und ich klammere mich an ihm fest wie ein kleines Orang-Utan-Babyäffchen.

»Das würde ich doch nie tun«, sagt er, »so wichtig ist mir Sex wirklich nicht, aber das weißt du doch auch.«

Klar weiß ich das, aber was ich eben nicht sicher weiß, ist die Antwort auf die Frage: Ob ihm einfach nur der Sex *mit mir* nicht mehr so wichtig ist? Kein »normaler« Mann verzichtet doch freiwillig fast ein halbes Jahr auf Beischlaf, oder?

Kaum gedacht, spüre ich Jans Hand unter meine Shorts wandern. Wusste ich es doch.

Oha. »Haben wir einen Termin?«, witzle ich in Anlehnung an unser nettes Therapiespiel.

Jan grinst. »Wenn die Dame es einrichten kann ...«

Die Dame konnte schon. Denn auch wenn es zwickt und hakt – irgendwie geht es bei einer Dame ja immer. Leider konnte aber dann der kleine Herr schon nach wenigen Minuten nicht mehr und ließ seinen Meister im Stich. Nachdem diverse Wiederbelebungsversuche erfolglos blieben, rollte sich Jan frustriert von mir herunter und bedeckte den windigen Deserteur schleunigst mit seiner Decke.

»Tut mir leid, Schatz, aber mein Kopf war heute stärker, ich konnte einfach meine Gedanken nicht abschalten.« Ängstlich sah ich Jan an.

»Und an was hast du gedacht?« Mir kam natürlich sofort der unsägliche Knutsch-Nachbar in den Sinn, der Jan nun quasi im Geiste das Laternchen ausgepustet hat.

»Na ja, ich wollte einfach alles richtig machen, damit es dir auch gefällt.«

Puh, da habe ich aber noch einmal Glück gehabt. Laut sage ich: »Es hat mir gefallen – ehrlich.« Entspricht auch fast der Wahrheit – immerhin ist halber Sex besser als gar kein Sex mehr.

»Aber du warst doch gar nicht richtig erregt, oder?«

Zerfix noch mal, man kann doch auch wirklich nichts verheimlichen. Ich erkläre Jan, dass meine neue Pille der Grund für mein vaginales Trockengebiet ist und will es selbst gerne glauben. Allerdings weiß ich aus erster Hand – nämlich von meiner Frauenärztin –, dass die Pille weder an meiner Unlust noch an meinem kaum vorhandenen natürlichen Gleitmittel allzu großen Anteil hat. Es bin schlichtweg ich selbst, die mir da im Weg steht, und darum muss ich es jetzt auch in die Hand nehmen, dass endlich wieder was vorwärtsgeht. Ich haue mit der flachen Hand motiviert auf meine Bettdecke.

»Weißt du was, Jan, ich rufe morgen bei Lene an und lade

sie und Erik zu uns ein. Ganz zwanglos und ohne dass ich ihnen schon zu viel verrate.«

Jan sieht mich zweifelnd an. »Bist du dir wirklich sicher, dass du das willst?«

Ich nicke. »Ja, will ich.«

Jan grinst, und wir besiegeln das Ganze mit dem guten alten Wikingerschwur, den Paul uns im Zuge seiner Wickie-Fan-Manie beigebracht hat: »Abgemacht, die Wette gilt, und wer sie bricht, der wird gegrillt.«

Abklatsch und Vorfreude. Jan und ich küssen uns auf den Mund.

»Gute Nacht, mein Buschwindröschen«, sagt er.

»Gute Nacht, mein Froschkönig«, sage ich.

Lene, die ich am nächsten Tag via Telefon über den geplanten (ha ha) »Spieleabend« informiere, sagt sofort zu und übermittelt mir wenig später auch das freudige »Go« von Erik, inklusive Wunsch nach einem vegetarischen, nicht zu reichhaltigen, möglichst gemüsigen Abendessen. Also nix mit eiweißhaltigem, kraftspendendem, blutigem Steak. Jan friert den halben Ochsen daraufhin zähneknirschend wieder ein und kredenzt uns stattdessen am Abend des nahenden Großereignisses »eine flotte Nudel«, wie er augenzwinkernd in meine Richtung bemerkt.

Durchaus treffend – zumindest hinsichtlich der Pasta mit Tomatensauce, die jetzt auf unserer aller Teller landen. Könnte sich etablieren. Erik findet Jans Speisebeschreibung jedenfalls saukomisch. Sagen wir so, er kriegt sich vor Lachen während des gesamten Essens nicht mehr ein. Spaghetti zuzelnd gluckst er vor sich hin, während Lene mal wieder ihre

Lieblingsthemen auf den Tisch bringt: Nachhaltigkeit, Weltfrieden und ihren Wunsch nach einem veganen Leben. Letzteres scheitert nach Lenes Ansicht daran, dass sie sich einfach nicht mit dem Design diverser Kunstlederschuhe anfreunden kann. Aha.

»Waren die beiden schon immer so schräg drauf?«, fragt mich Jan, während wir die Spülmaschine ausräumen und Erik sich für die kichernde Lene ein Nudelherz auf die Stirn klebt. Ich zucke mit den Schultern und bin ehrlich gesagt ein bisschen neidisch auf dieses offensichtliche Glück.

»Sagt mal, was wollen wir denn heute spielen?«, fragen Lene und Erik und sehen uns abwartend an. Ich würde am liebsten ins nächste Mäuseloch verschwinden. Leider sitzt da schon Jan drin. Also rein phantasiemäßig gedacht natürlich. In echt starren wir unsere Gäste stumm an und sagen erst einmal gar nichts beziehungsweise stupsen uns gegenseitig an.

Erik lacht – schon wieder. »Was ist los, ihr wollt doch nicht am Ende Strip-Poker mit uns spielen.«

Ha ha, wie witzig! Ich verschlucke mich erst einmal an einer Nudel, die sich irgendwo hinter einem Backenzahn versteckt hat. Jan räuspert sich.

»Also, wir müssen euch was sagen«, fängt er an und blickt hilfesuchend zu mir. Ich belasse es bei einem Nicken, dafür brüllt Lene jetzt raus, was sie denkt.

»Sag bloß, du bist auch schwanger«, frohlockt sie und strahlt dabei übers ganze Gesicht.

Wieso eigentlich »auch«, denke ich und vergesse zu antworten. Schwerer Fehler. Bei solch einer Frage muss man einfach sofort dagegenhalten. Sonst hat man die Missverständnisse sofort auf seiner Seite. Leider habe ich den richtigen Zeitpunkt jetzt schon verpasst. Lene ist von ihrem Stuhl hochgesprungen und hängt mir am Hals.

»Das ist ja voll genial. Wir beide zur gleichen Zeit – wie cool ist das denn?!«

Jetzt verstehe ich das mit dem »auch«.

»Ihr kriegt ein zweites Kind?« Jan hat es jetzt auch kapiert. Lene und Erik nicken synchron.

»Aber wie ist denn das passiert?«, frage ich wohl wissend, dass Lene durchaus auch gerne mal im Bett eine große Verweigerungstaktik an den Tag legt.

»Sie war bei der AUM«, sagt Erik bedeutungsschwer, und Lene nickt noch bedeutungsschwerer und macht große begeisterte Augen dazu. »Ja, ich war bei der AUM.«

»AUM?«, schießt Jan und mir auf diese sonderbare Ansage synchron hin die naheliegende Frage aus dem Mund. Während wir noch auf eine ausführliche Erklärung warten, flackern sich unsere Gäste aus verliebten Augen heraus an. Es scheint fast so, als wären die beiden bei dem Wort »AUM« in ein erotisches Wachkoma gefallen.

»Ich bin übrigens nicht schwanger«, sage ich laut und schaffe es damit tatsächlich, die beiden zurück ins Hier und Jetzt zu beamen.

»Schade«, findet Lene und sieht uns mit mitleidigen Augen an. »Habt ihr noch immer keinen Sex?«

Ein giftiger Blick von Jan trifft mich, doch ich zucke gelassen mit den Schultern. »Hallo, sie ist meine beste Freundin. Sie weiß alles.«

Erik sieht daraufhin fast panisch Lene an und deutet dabei auf mich. »Weiß sie denn auch alles?«

Lene lächelt nur und lässt die Frage einfach mal so im Raum verpuffen. Stattdessen erfahren Jan und ich nun endlich, was es mit der AUM auf sich hat, und vor allem, wo da der Zusammenhang zum zweiten Kind ist. Lene erklärt uns, dass es sich bei AUM um eine besondere Form der Meditation handelt, die von Osho, genannt Bhagwan, entwickelt wurde, um das Herz-Chakra zu öffnen.

»Oh, und das war bei Lene danach ja so was von offen, und nicht nur das«, ulkt Erik dazwischen und erntet einen strengen Blick von Lene.

»Es geht einfach darum, Stress in Kreativität und negative Gefühle in Liebe zu anderen Menschen umzuwandeln«, fährt meine Freundin mit ihrem Vortrag fort, dann lächelt sie uns vielsagend an. »Ich war danach ja so was von heiß auf Erik, das könnt ihr gar nicht glauben.«

Ihr Mann nickt zustimmend und reckt uns drei Finger entgegen.

»Hintereinander«, frage ich verstört.

Erik nickt. »Hintereinander – und dann hat es bumm gemacht.« Demonstrativ streichelt sich Lene bei diesen Worten über ihren noch nicht vorhandenen Babybauch.

»Aha«, kommt es ungläubig aus Jans Richtung, während für mich die Sache schon glasklar ist.

»AUM, wir kommen!«, rufe ich laut und voller Begeisterung über den Küchentisch hinweg und klatsche dabei wie ein Kleinkind in beide Hände. Ich überhöre dabei tunlichst das männliche Ächzen neben mir.

Wenig später, als Lene und Erik sich nach zahlreichen unschuldigen Mau-Mau-Runden verabschiedet haben, fördert

Jan doch tatsächlich noch das Kamasutra-Spiel zutage und hält mir eine Karte hin.

»Wie wär's, Schatz. Noch Bock auf die hängende Fledermaus?«

Ich lache. »Nee, wenn schon, dann die Budapester Beinschere.«

Wir sehen uns an und sind uns auch ohne Worte sofort einig. Ich öffne den Müll, und Jan versenkt nun ein für alle Mal das Spiel darin. Und zwar ganz tief unten.

»Hat schon fast was Symbolisches«, bemerkt Jan sinnierend über dem Eimer hängend.

Ich kann ihm nicht ganz folgen. Normalerweise bin ich für die Tiefgründigkeiten in unserem Haushalt zuständig. Also frage ich Jan, wie er das meint.

Er seufzt. »Wir kloppen den Spaß zwischen uns endgültig in die Tonne. Fühlt sich zumindest für mich so an.«

Beunruhigt sehe ich Jan an. »Willst du aufgeben?«

Jan legt sanft den Arm um meine Schulter und zieht mich an sich. »Nein, das nicht, aber ich will eine kleine Pause, einfach mal wieder den Kopf frei kriegen. Das alles ist doch mittlerweile ein großer Hirnkrampf, da kann ja nix mehr gehen.«

Insgeheim weiß ich, dass er recht hat, und trotzdem brennt sich jedes einzelne Wort schmerzhaft in meiner Seele ein.

»Heißt das, du würdest nicht mit zur AUM-Meditation gehen?«

Jan schüttelt den Kopf. »Nee, Schatz, das ist nun wirklich nichts für mich.«

Ich nicke betont verständnisvoll. »Musst du ja auch eigentlich nicht. Lene war auch ohne Erik dort. Und das hat ja anscheinend trotzdem viel bewirkt.« Dazu grinse ich Jan aufmunternd an und lasse dann meinen Blick auf seinem Schritt ruhen. Seufz. Irgendwie werde ich die Nudel schon wieder flott bekommen, denke ich, und sage fürs Erste Gute Nacht.

Wenn das Stück Theater macht

In den folgenden Tagen spürte ich, dass Jan das mit der kleinen Pause wirklich ernst meinte. Er ging auf Abstand. Dezent, aber spürbar. Seine Bürotage wurden länger, und die Abende, an denen er nicht gerade schwimmen oder Karten spielen war, verbrachte er vor dem Fernseher oder bei Paul im Kinderzimmer. Es hatte den Anschein, als nehme er Urlaub von unserer Beziehung oder zumindest von dem anstrengenden, problembehafteten Teil unserer Beziehung. Und der, so bildete ich mir langsam, aber sicher ein, war ja dann wohl ich.

»Ich glaube, es ist meine Schuld, dass wir keinen Sex mehr haben«, eröffne ich Julie dann auch bei einer unserer nachmittäglichen Küchentischphilosophie-Runden.

»So ein Quatsch. Sag mal, kann ich den Quarkplunder haben?«

Julie scheint mir heute irgendwie nicht ganz bei der Sache zu sein. Trotzdem rede ich weiter und erkläre ihr, dass es durchaus diverse Verhaltensmuster meinerseits gibt, die meine selbstanklagende These noch untermauern. So ergreife ich im Bett nie die Initiative, werde von Jahr zu Jahr verklemmter und habe im Großen und Ganzen einfach überhaupt keine Lust mehr.

»Ich glaube, Jan findet mich einfach total langweilig«, beende ich meine Ausführungen und gucke dabei wie ein trauriger Hefekloß, der auf Mitleid aus ist.

Von Julie natürlich nicht zu erwarten. Stattdessen übernimmt sie nun die Position der Anklägerin und peitscht auf Jan ein. Von wegen dass er ja auch nicht gerade vor Leidenschaft sprüht und dass er als Mann sich verdammt noch mal auch ein bisschen mehr um seine Frau bemühen muss. Fast schon süß, wie sie versucht, meinen Ehe-Karren aus dem Dreck zu ziehen. Allerdings geht sie mir dann meiner Meinung nach doch ein bisschen zu hart mit meinem Ehemann ins Gericht.

»Immerhin wollte er vor ein paar Tagen mit mir schlafen, und dann ging es plötzlich nicht mehr – und zwar wegen mir.«

»Hat der Arsch das so zu dir gesagt?« Julies Augen funkeln vor Wut.

»Nicht direkt. Jan wollte, dass es für mich perfekt wird, und hat sich dadurch total verkrampft.« Hilflos sehe ich Julie an. »Und jetzt will er überhaupt nicht mehr – aber das kann er doch auch nicht machen.«

Julie zuckt wenig beeindruckt mit den Schultern und schleckt sich den Blätterteig von den Fingern: »Dann musst du eben jetzt mal ein bisschen mehr in die Offensive gehen und ihm zeigen, dass du noch richtig Bock auf ihn hast.«

Vorspiegelung falscher Tatsachen also, denke ich, halte aber tunlichst meinen Mund. Julie kann nämlich manchmal ganz schön böse werden, wenn ihr die Geduld ausgeht. Außerdem weiß ich auch überhaupt nicht, wie sie das mit der Offensive genau meint. Julie entgeht mein fragender Blick natürlich nicht und sie schüttelt leicht belustigt den Kopf.

»Mensch, du wirst doch wissen, wie du bei deinem Alten wieder den Pfosten zum Glimmen bringst oder nicht?«

Kein Blatt vor dem Mund wie immer. Abwartend sieht mich Julie an. Ich sage nix, und sie atmet einmal tief durch.

»Also nicht.«

Zwei Stunden später, nach einem ausgiebigen Brainstorming, zu dem sich auch Sonja samt Eierlikörsche eingefunden hat, hängen eine Menge erotisch aufgeladener Ideen in der Luft. Allerdings verwerfe ich die meisten davon wieder. Ich glaube nämlich zum Beispiel nicht, dass Jan mich als Hardcore-Domina in Lack und Leder erleben möchte und sich zudem noch ein Würgehalsband anlegen lässt. Solche und ähnliche Gedanken gab es viele, aber nee, das ist nichts für meinen braven Ehemann.

»Das Ganze muss irgendwie subtil aufreizend daherkommen, also nicht so plump offensiv, sondern eher unvorhergesehen und überraschend. Aber auf keinen Fall esoterisch«, rattere ich meine Liste herunter.

Sonja lässt sich resigniert in ihren Stuhl sinken. »Ich geb's auf – mir fällt echt nichts mehr ein.«

Über Julies Gesicht huscht plötzlich ein vielsagendes Grinsen. »Aber mir«, sagt sie.

Ich hoffe nur, es hat nichts mit Kifferkraut, betrunkenen Nachbarn oder sexuell frustrierten, katholischen Priestern zu tun.

»Scheiße, tut das weh!« Ich schimpfe in einer Tour laut vor mich hin, während ich mich die letzten Stufen zu Jans Büro hochhangle und schwer darauf bedacht bin, dass es mich nicht doch noch auf mein knallrot überschminktes Fresschen haut.

Zehn Zentimeter hohe Pfennigabsätze – da jodelt das Überbein, und meine – von Kindheit an eh schon völlig deformierte – Zehenschar (noch heute behaupte ich, dass es sich hierbei um die unschöne Folge zu klein gekaufter Schuhe handelt, was wiederum meine Mutter auf die Palme bringt) wimmert unter der Last des ergonomisch völlig fehlgeleiteten, aber zugegebenermaßen wahnsinnig genialen Designer-Irrsinns. Die Hacken, die mir am Fuß hängen, sind weder Geh- noch Stehschuhe. Sie sind einfach nur »Autsch«.

Doch wo ein Louboutin, da auch ein Weg. Fand zumindest Julie, als sie mir im Zuge unseres »Wie-verführe-ich-meinen-Ehemann-Projektes« diese sündhaft teuren Treter an den Fuß schwatzte. Und ich muss schon zugeben – auch wenn die roten Sohlen verdammt schmerzen, sie machen auch verdammt schöne und vor allem lange Beine. Ich fühle mich wie eine Gazelle oder noch besser, wie ein Flamingo, zwar leicht wackelig, aber mit einem Paar wundervoller Stelzen gesegnet. Auf nichts anderes kommt es doch an.

Oder hat man schon mal einen Kerl gesehen, der sich auf eine Biergarten-Bedienung gestürzt hat, nur weil er ihre Gesundheitstreter mit Frotteeeinlage aus dem Sanitätshaus so wahnsinnig geil fand?! Abgesehen davon würden Birkenstocks zu meinem heutigen Outfit wirklich etwas sonderbar anmuten.

Ich trage nämlich, völlig wider meine Jeans-und-Sneakers-Natur, Jil Sander. Genauer gesagt ein äußerst elegantes Jil-Sander-Kostüm. Und zwar das von meiner Steuerberaterin. Knappes Röckchen, weiße Bluse, schicker Blazer – all das hat sie mir geliehen, und ich musste ihr im Gegenzug versprechen, in Zukunft darauf zu verzichten, meine Unterlagen selbst zu sortieren.

»Lieber nehme ich einen randvollen Schuhkarton in Kauf, bevor ich mich noch einmal mit deiner sogenannten Ordnung abplage«, brachte sie die Sache auf den Punkt, während sie mir ihren Klamotten in die Hand drückte. Ja gut, wer DVDs nach Farben arrangiert, die Klorolle zum Leidwesen des Ehemannes stets falsch herum aufhängt (bevor ich Jan kannte, wusste ich gar nicht, dass es ein Richtig und ein Falsch gibt) und bei der Erstellung eines stinknormalen Einkaufszettels schon ins Schwitzen gerät, der sollte vielleicht wirklich die Hände von Quittungen, Belegen, Rechnungen und sonstigem undurchsichtigem Steuergeraffel lassen.

Sie hat also mein Wort und ich ihren adretten Nobelfetzen, der mich für meine Verhältnisse gelinde gesagt auffällig konservativ daherkommen lässt. Was natürlich mehr Schein als Sein ist, denn das, was unter den ehrenwerten Stoffschichten liegt, ist dann schon weit weniger anständig. Es ist tiefrot, knapp und äußerst spitzenorientiert. Außerdem zwickt es ein wenig im Schritt. Genau: Strapse.

Ich laufe also gerade herum wie eine sexuell hochgradig ambitionierte und so was von persönliche Assistentin eines Topmanagers. Leider allerdings nur halb so souverän. Denn

die gute Jil ist mir dann doch optisch nicht ganz so wohl-
gesonnen wie erhofft. Nix mit Frauensolidarität. Aber eigentlich hätte mir das auch schon vorher klar sein müssen.
Mein Körper zählt nun mal nicht zu den perfekten ostblock-
oligarchischen Modellen. Eher solides, aber eben klassisches
Mittelschicht-Maß. Und ja, es sind vor allem die Schichten in
der Mitte, die mir gerade schwer zu schaffen machen. Was
hilft es, wenn Größe 36 passt, sich aber über dem Rockbund
plötzlich eine fleischliche Alpenlandschaft auftut. Wo kommt
die nur her, und vor allem wo will die noch hin? Da soll man
noch bei Laune bleiben und vor allem lustvoll ans Werk gehen.

Das Werk sieht nämlich vor, dass ich jetzt gleich Jans heiße
Sekretärin mime, die sich mitnichten nur mit einem Diktat
zufrieden gibt. Die Idee zum Rollenspiel kam von Julie. Allerdings fand ich ihren Ansatz mit der gestrengen Klavierleh-
rerin dann doch etwas zu umständlich in der Durchführung
(wir haben ja noch nicht einmal ein Klavier). Stattdessen er-
innerte ich mich an die Worte eines guten Freundes, der mich
darüber aufklärte, dass Männer total auf Frauen abfahren, die
unter einem seriösen, kühlen Business heiße Strapse tragen.

»Die dürfen aber nur dann hervorblitzen, wenn die Dame
etwas zügigeren Schrittes unterwegs ist, sonst wirkt es billig«,
fügte er noch hinzu.

Klang logisch und auch irgendwie total überzeugend in
meinen Ohren. Vielleicht hätte ich eine Millisekunde länger
darüber nachdenken sollen, ob mein Ehemann sich davon
auch überzeugen lässt. Habe ich aber nicht, und darum werde
ich jetzt gleich die Rolle meines Lebens spielen und Jan überraschen. Der Gute weiß nämlich noch überhaupt gar nichts

von seinem Glück, welches sich ihm gleich in Form eines erotisch aufgeladenen Ehefrauleckerbissens auf dem Schreibtisch entgegenräkeln wird.

Gott, bin ich aufgeregt! Und als ich die Tür zur Agentur öffne, verspüre ich neben kolossalen Fußschmerzen auch ein süßes Prickeln im Bauchraum. Es »wulpt« angenehm in meinem Innersten. Fühlt sich fast an wie Reisefieber, oder bin ich am Ende tatsächlich erregt?

Leider komme ich nicht mehr dazu, mir die Frage zu beantworten, denn plötzlich steht er vor mir. Er, das ist Jans Trainee (der Nachfolger des Modefrettchens), der mich, die Frau seines Chefs, jetzt übertrieben höflich begrüßt. Schleimer, denke ich und sage: »Hallo, was machst du denn um diese Uhrzeit noch hier? Es ist Freitagabend.«

Er lächelt mich an, und ich spüre deutlich, dass ihm eigentlich gar nicht zum Lächeln zumute ist.

»Ich warte, bis Ihr Mann mit der Präsentation durch ist.«

Arme Sau, denke ich, und sofort werden Erinnerungen an meine eigene grausam öde kaufmännisch orientierte Ausbildungszeit in einer Unternehmensberatung wach. In meinem ganzen Leben wollte ich noch nie ins Büro. Im Gegenteil. Aber meine Mutter wollte, dass ich wollte, und zerrte mich deshalb höchstpersönlich zum Vorstellungsgespräch. Sie war es dann auch, die dort das Reden übernahm und den leicht überforderten Junior-Chef – der an diesem Tag (und danach nie wieder) als Vertretung seines Vaters auftrat – quasi dazu nötigte, mich einzustellen. Ich glaube, der hatte echt Schiss vor meiner Erziehungsberechtigten. Ich zu der Zeit im Übrigen auch noch. Wir fügten uns also beide dem Schicksal, das sich meine Mum für uns ausgedacht hatte.

Das einzig Erhellende in dem Job, also neben dem Kopiererlicht, war dann für mich, dass ich einfach sehr schnell eine Affäre mit einem verheirateten Mann begann und wir uns ein halbes Jahr heimlich durch die Firma knutschten.

»Weißt du was, geh nach Hause, ich regele das schon mit Jan«, wende ich mich betont gönnerhaft an den Prakti, der mich daraufhin mehr als zweifelnd beäugt. Gerne würde ich noch hinterherschießen: »Komm, mach die Biege, du Krapfen.« Doch stattdessen nicke ich ihm noch einmal aufmunternd zu, ich habe ja durchaus Manieren. »Das geht schon in Ordnung – ehrlich.«

Er zögert weiter, nickt dann aber auch. »Gut, dann mach ich das.«

»Super!«, sage ich und stöckle den Gang zu Jans Büro entlang. Natürlich flotten Fußes. Quasi eine Art Mini-Marktforschung. Ich kann die Blicke des jungen Mannes direkt im Nacken fühlen.

»Entschuldigung!«, ruft er mir hinterher. Genervt rolle ich mit den Augen und drehe mich zu ihm um.

»Ja?«

»Ihre Schuhe.«

Ich hebe einen Fuß und lasse ihn kreisen.

»Schön, gell? Die sind echt.« Der Stolz in meiner Stimme ist nicht zu überhören.

Der junge Mann lächelt mich zerknirscht an. »In der Agentur sind High Heels aber verboten.« Er deutet auf den Boden. »Wegen des Parketts. Sagt Ihr Mann.«

Ich weiß nicht, ob ich weinen oder lachen soll. Jan verbietet also Hacken. Ich meine, dass er Flip-Flops nicht mag, okay, dass er Facebook für seine Mitarbeiter sperren lässt, okay, dass seine Leute ab und an ihren selbstfabrizierten agenturinternen Saustall putzen müssen, okay, dass Essen am Arbeitsplatz verboten ist, auch okay. Aber Stöckelschuhverbot?! Das ist ja schon fast *spooky*. Ich entschließe mich, die Angelegenheit heute erst einmal mit Humor zu nehmen und morgen genauer darüber nachzudenken. Zum Praktikanten sage ich freundlich, aber bestimmt: »Danke für die Info und tschüss.« Dann führe ich meinen Weg fort. Dabei trete ich absichtlich so laut auf, dass meine Treter einen Höllenlärm auf dem guten Eichenparkett verursachen. Vor Jans Tür atme ich dann noch einmal tief durch, klopfe an und klackere, ohne auf das Herein zu warten, in sein Zimmer.

»Schatz, was machst du denn hier?« Erstaunt sieht mich Jan an und wirft dann einen missbilligenden Blick auf meine Schuhe.

»Du, solche Mörderdinger gehen bei uns nicht.«

Statt zu kontern, nehme ich das als Aufhänger für mein Rollenspiel und starte die Show.

Gespielt naiv schlage ich mir eine Hand vor den Mund. »Oh, was bin ich unartig. Bitte bestrafen Sie mich nicht«, hauche ich zurück und senke dabei devot meinen Blick.

Jan wirkt leicht konsterniert und sieht mich mit diesem »Wie-viel-Sauvignons-waren-es-diesmal-wieder-Blick« durchdringend an. Ich lasse mich davon nicht beirren und wetze nun wackligen und leicht hektischen Schrittes um Jans Schreibtisch herum. Es blitzt und blinkert nur so unterm Rocksaum. Mein Becken schwingt wie eine Jolle auf hohem Seegang und räumt neben dem guten alten Tacker auch noch ein paar Aktenordner vom Tisch. Die Bühne habe ich somit schon mal höchst elegant und bestens präpariert, fehlt nur noch der männliche Hauptdarsteller.

Der allerdings sieht so gar nicht danach aus, als ob er jetzt gleich auf der gummierten Schreibtischunterlage eine unzüchtige Performance hinlegen möchte. Eher das Gegenteil ist der Fall. Jan nimmt dezent Abstand von mir und sucht Schutz hinter seinem Bürostuhl.

»Sag mal Schatz, ist alles in Ordnung mit dir?«

Schwer atmend und schwitzend bleibe ich stehen. »Mann, Jan, siehst du eigentlich, was ich anhabe? Ich bin heute nicht dein Schatz, sondern wer anders.«

Jan runzelt die Stirn.

»Wie wer anders?« Neben einer offensichtlichen Irritation macht sich bei ihm jetzt anscheinend noch ein weiteres Gefühl breit. Nennen wir es mal einen tiefgreifenden Zweifel bezüglich meiner geistigen Gesundheit.

»Ja, deine Assistentin, die gerne mal nach Feierabend gemeinsam mit dir noch ein wenig über die Akten stempelt«, sage ich daher schnell und hoffe, er hat jetzt endlich kapiert, um was es mir geht.

Tick, tack, tick, tack – und endlich fällt er, der Groschen. Jan lässt sich erleichtert in seinen Sessel sinken.

»Ach, ein Rollenspiel. Sag das doch gleich.«

Als ob das der Sinn dahinter ist. Diese Art der Verführung spricht doch eigentlich jetzt wirklich mal für sich. Da muss man doch nicht noch lang und breit das Regelwerk erklären. Finde ich – und mache es deshalb auch nicht. Stattdessen schmeiße ich mich jetzt kurzerhand vor Jan auf einen Stapel Ausgangsrechnungen und winde mich lasziv hin und her. Dabei drücke ich seinem Mont-Blanc-Füller, der unter mir zu liegen kommt, ganz aus Versehen die Luft ab. Das gute Stück wehrt sich nach Leibeskräften und bohrt sich fies in meinen Po. Erschrocken springe ich hoch und wirble damit den kompletten Blätterhaushalt mit auf.

Jan sieht mich angesäuert an. »Jetzt pass doch mal auf, das zerknittert doch alles.«

Ich lasse mich durch seinen offensichtlichen Missmut keinesfalls aus dem Konzept bringen. Ich nicht. Sanft streichle ich Jan am Hals. »Hast du schon gesehen, ich trage Strapse.«

Langsam schiebe ich meinen Rock nach oben und recke ihm mein eingehalftertes Beinwerk entgegen. Jan riskiert einen kurzen Blick darauf und schüttelt den Kopf.

»Mal ehrlich, das bist doch nicht du.«

Menno. Langsam, aber sicher geht mir seine Phantasielosigkeit auf die Nerven. Klar bin das nicht ich, also schon, aber nicht wirklich, darum heißt es ja auch Rollenspiel.

»Gefalle ich dir denn nicht?« Ich ziehe eine Schmollschnute, während Jan intern an einer Antwort bastelt.

»Ehrlich gesagt gefällst du mir in natura besser.«

Einerseits ein schönes Kompliment, anderseits hat uns meine Natürlichkeit bis dato keinen Schritt weitergebracht. Jan bemerkt meine Enttäuschung und macht Anstalten, mich in den Arm zu nehmen. Das kommt aber gar nicht in die Tüte, dass ich mir so einfach mein Spiel verderben lasse. Auch das merkt Jan und zieht die Arme wieder zurück.

»Du weißt doch, dass ich nicht auf Kostümchenfrauen und Lippenstift stehe, oder?«, hält er mit seiner Meinung über jegliches Aufbrezeln trotzdem nicht hinterm Berg.

Sicher weiß ich das, sonst wäre er wohl kaum mit mir zusammen. Der Frau, die um alles, was nur halbwegs nach erwachsener Frau aussieht, normalerweise einen großen Bogen macht.

»Du, ich kann mich auch ganz schnell wieder umziehen und als ich kommen, wenn du magst.«

Mit einem letzten Fünkchen Hoffnung versuche ich den Abend doch noch in die richte Richtung zu katapultieren. Jan streicht mir übers Haar, als wäre ich ein bockiges Kleinkind, dem man jetzt gleich sagen wird, dass es keinen Lolli mehr bekommt. Und so ähnlich fühle ich mich dann bei seinen in äußerst sanftem Tonfall verfassten Worten auch. »Süße, bitte, ich habe wirklich noch einen Sack voll Arbeit.« Demonstrativ blickt er dabei auf seinen Computer.

»Du willst mich also nicht stempeln, hm?«

Jan lächelt mich an, und wieder lächeln seine Augen nicht mit. »Nee, heute nicht.«

Unbefriedigt und enttäuscht rutsche ich von der Schreibtischkante herunter.

»Na gut, dann gehe ich halt wieder.«

Ich drücke Jan ein halbherzig gemeintes Küsschen auf die Wange und stakse gen Tür.

»Moment mal, Schatz!«

Erwartungsfroh drehe ich mich zu Jan um. Er wird doch jetzt am Ende nicht doch noch …

Nein. Gespielt streng blickt er auf meine Schuhe, und mir bleibt nur noch zu sagen: »Sorry, Mister Louboutin.«

Manöverkritik

Meine Rolle als heißblütige Sekretärin hat dann doch noch ein kleines Nachspiel. Allerdings anders als von mir erwünscht. Stunden später, nachdem der Vorhang längst gefallen ist und ich mich schon damit abgefunden habe, dass mein Akt der Verzweiflung wohl ohne nennenswerte Folgen bleiben wird, kommt Jan zur Wohnungstür herein. Oder genauer gesagt, er stampft herein. Von Rücksichtnahme auf etwaig schlafende Familienmitglieder keine Spur. Dabei ist es schon weit nach Mitternacht. Ich merke, wie mein Wutpuls steigt. Gut, ich habe noch nicht geschlafen – aber wenn ich es hätte, dann jetzt wohl nicht mehr.

»Sag mal, geht's noch?«, raunze ich Jan an. Der sitzt mittlerweile in der Küche, zischt eine Limonade und hört dabei für meinen Geschmack deutlich zu laut Musik. Irgendetwas von den Ärzten und nicht gerade eines ihrer sanftesten Lieder.

»Falls du es vergessen hast, wir haben ein Kind«, füge ich noch hinzu, nachdem Jan keine Anstalten macht, etwas an der Soundstärke zu verändern.

»Falls du es vergessen hast, die Agentur ist meine Sache«, äfft Jan mich nach, und mir wird sofort klar, woher sein Groll rührt.

»Tut mir leid, ich hätte deinen Praktikanten nicht einfach so nach Hause schicken dürfen.«

Ich merke, dass ich viel zu müde bin zum Streiten, also gebe ich mich versöhnlich und umarme Jan von hinten.

»Ich habe dir schon hundertmal gesagt, dass du anrufen sollst, bevor du kommst. So einfach reinschneien, das geht halt nicht.«

Ohne auch nur ansatzweise meine Zärtlichkeit zu erwidern, haut mir Jan den nächsten Anklagebrocken hin, und dieser Brocken ist einer, der schon seit Beginn unserer Beziehung immer mal wieder krachend in unser Harmoniegefüge gedonnert ist. Ich nehme Abstand von meinem Ehemann.

»Sag mir nur eins, Jan, warum muss ich mich anmelden, und deine Schwester darf kommen, wann sie will?«

Eine meiner ältesten und tiefsten Wunden, jetzt liegt sie wieder offen, und auch diesmal findet Jan nicht die richtigen Worte, um den pochenden Schmerz, den diese offensichtliche Ungerechtigkeit in mir auslöst, zu stillen.

»Wenn sie zufällig in der Gegend ist, soll ich sie dann einfach wieder wegschicken, nur weil du ein Problem mit ihr hast?«

Der schwarze Peter, da ist er wieder und kuschelt sich in meine Arme. Dabei habe ich wahrlich kein Problem damit, dass Jan sich gut mit seiner Schwester versteht (tue ich mit meinem Bruder ja auch), ich habe auch kein Problem damit, wenn sie ihn besucht, und ein Problem mit ihr habe ich schon gar nicht. Mich wurmt es nur unendlich, dass mein Mann offensichtlich mit zweierlei Maßstäben misst und nicht einmal einen Gedanken daran verschwendet, dass es mich verletzen könnte. Genauso wie es mich jedes Jahr aufs Neue verletzt, dass er mich von vielen firmeninternen Veranstaltungen fernhält. Dabei geht es mir überhaupt nicht darum, überall vorne mit dabei zu sein und die Frau des Chefs zu spielen, wie das Jan immer hinstellt. Nein, es geht mir darum, wie er mir die Sache verklickert. Statt zu sagen: »Schatz, ich würde mir sehr wünschen, dass du dabei bist, aber es klappt wahrscheinlich nicht, weil wir die Veranstaltung eigentlich nur für Mitarbeiter geplant haben. Aber weißt du was, ich rede einfach noch einmal mit meinen Partnern«, sagt Jan von vornherein: »Schatz, es geht nicht, wie steh ich denn vor meinen Mitarbeitern da, wenn ich als Chef 'ne Ausnahme mache und dich als einzige Externe mitbringe?« Verstand vor Herz – das ist Jan.

Aber warum geht es dann bei Männern, die weit mehr Erfolg haben als mein Mann? Oder hat man früher schon mal einen Stoiber ohne seine Stoiberin gesehen? Leider zieht dieses Argument nicht. Letztlich enden unsere Diskussionen immer damit, dass Jan sagt: »Du verstehst es einfach nicht«, und ich sage: »Du verstehst mich einfach nicht.«

Ein klassischer Fall von missverständlicher Konversation. Ich wünsche mir eigentlich nur öfter mal einen kleinen Beweis, der mich glauben lässt, dass Jan mich wirklich liebt, und Jan wünscht sich, dass ich ihm glaube, dass er mich liebt – auch ohne kleinen Beweis. Schwierig!

»Du, ich will nicht schon wieder streiten«, sage ich jetzt und lasse mich erschöpft ihm gegenüber auf den Stuhl sinken.

»Ich auch nicht«, antwortet er mir nicht minder erschöpft und drückt dabei auf der Fernbedienung für die Musikanlage herum.

»Halleluja« von Lucky Jim ertönt. Unser Hochzeitslied. Der Song, der gespielt wurde, während wir uns gegenseitig unsere selbst verfassten Trausprüche vorlasen. Es war ein leiser, sanfter und sehr emotionaler Moment. Gut, mal abgesehen von meiner Großtante, die im tiefsten Fränkisch ihren Unwillen darüber kundtat, dass ihr lädiertes Gehör nur die Hälfte unserer Worte mitbekam. »Lauder bidde!«, schrie sie und schaffte dennoch nicht, uns aus der Ruhe zu bringen. Wir sprachen von der Freude über das Uns, von dem Glück, dass uns das Wiesn-Bier zusammengeführt hat, und von der gemeinsamen Zukunft, an die wir beide glauben wollten. Und eigentlich will ich daran auch noch heute glauben. Lucky singt die letzte Strophe, und ich greife ohne Vorwarnung nach Jans Hand.

»Ganz schön kompliziert mit uns, oder?«

Jan nickt und sieht mich ernst an.

»Weißt du, Schatz, ich glaube, jeder von uns muss jetzt erst einmal für sich herausfinden, was er will und wer er eigentlich ist.«

»Oha«, rufe ich aus. »Das hört sich nach mindestens einjährigem Ashram-Aufenthalt in Indien oder einem meditativen Schweigemonat im Kloster an.« Ich kann es doch einfach nicht lassen, ihn mit seiner Esoterikphobie aufzuziehen.

Jan lacht. »Nee, so ausufernd ist es dann doch nicht, es sind nur zehn Tage.«

Mir steht augenblicklich der Mund offen. »Wie, zehn

Tage?« Verwundert glotze ich meinen Mann an. Mein Erstaunen wird noch größer, als ich erfahre, dass sich Jan zum Hoffman-Prozess angemeldet hat – einer Art angeleitetem Selbsterfahrungstrip, bei dem es darum geht, alte Muster und negative Verhaltensweisen, die man schon sein Leben lang mit sich herumschleppt, zu erkennen, um sich dann bestenfalls endgültig von ihnen zu verabschieden.

»Weißt du, Schatz, du hast ja recht, wenn du sagst, dass ich immer viel zu unlocker und verkopft durchs Leben gehe und wenig oder manchmal gar nicht auf meine Gefühle höre. Und das will ich jetzt ändern – für uns, für dich.«

Ich kriege meinen Mund überhaupt nicht mehr zu. Kann mich mal bitte jemand kneifen! Jan auf Selbsterfahrungstrip? Jan, der gerne mal sagt: »So bin ich halt, und so war ich schon immer.« Ganz im Gegenteil zu mir, die sich fast täglich sagt: »So bin ich, aber Gott verdammt, so will ich doch überhaupt nicht sein.« Während ich also seelenarbeitstechnisch unbedingt gnadenlos nach vorne preschen will, trabt Jan lieber im Kreis. Der eine lässt sich vom Fluss des Lebens von Erkenntnis zu Erkenntnis treiben, der andere hält sich krampfhaft an der Quelle fest. Kennt man von vielen Paaren, und viele Paare kennt man, die sich daraufhin aufgegeben haben.

Und jetzt das!

Ganz langsam mache ich nun doch meinen Mund zu und spüre dabei, wie gerührt ich bin, dass Jan nicht aufgeben möchte und auch endlich bereit ist, sich seinen Untiefen zu stellen.

»Unser Sexproblem ist eigentlich nicht der echte Haken in unserem System, oder?«, ermuntere ich ihn, jetzt gleich schon mal mit der Selbsterkenntnis anzufangen.

»Nein, der Haken ist in unseren Köpfen. Solange wir nicht wissen, was wir uns wirklich fürs Leben und für uns selbst wünschen, können wir weder aus vollem Herzen geben noch annehmen – aber darauf kommt es an, wenn eine Beziehung eben nicht nur funktionieren soll.«

Schon wieder extrem verdattert sehe ich Jan an. »Woher weißt du das plötzlich alles?«

Jan grinst. »Als Kopfmensch kann ich zwar nicht fühlen, aber immerhin kann ich lesen.«

Hach, wie ich seinen Humor liebe! Ich stehe auf, gehe zu ihm und verfrachte meinen Hintern auf seinen Schoß.

»Versprichst du mir was?«, frage ich Jan und sehe ihm dabei fest in die Augen.

»Was denn?«.

»Dass du diesen Trip nicht für mich machst oder für uns, sondern in erster Linie für dich? Abgemacht? Es sind deine zehn Tage, und was immer dort auch passiert – es sind deine zehn Tage!«

Jan blickt genauso fest und dankbar in meine Augen und zieht mich noch ein bisschen näher an sich heran.

»Abgemacht!«, sagt er.

Manche würden mich jetzt leichtsinnig nennen, andere strohdumm – ich sage dazu nur: *Fuck Toleranz*!!

Aber dazu später mehr …

Ringelpiez mit Anfassen

Jan ist weg, und weil es den Großeltern gerade in den Kram passt – Paul auch. Ich bin also alleine, kann tun und lassen, was ich will. Die Klorolle verkehrt herum aufhängen, meinen Höschenschrank sperrangelweit offen stehen lassen, romantische Mädchenfilme gucken und vor allem – dumdidumdidum – mich im Bett endlich mal wieder mit mir selbst beschäftigen. Wurde auch echt langsam Zeit. Seit Jan mich erwischt hatte, war ich nämlich fingertechnisch ziemlich enthaltsam unterwegs. Desto mehr lasse ich es jetzt krachen. Zwei Meter Matratzenlager ganz allein für mich – o ja o ja o ja oojaaaaaaaa.

»Also mich würde das auf Dauer bestimmt nicht glücklich machen.« Lene macht gleich wieder den Spaßverderber, als ich ihr bei einem gemeinsamen Frühstück von meinem täglichen Einschlafritual erzähle (wie gesagt, wir wissen einfach alles voneinander).

»Allemal besser als nix.« Insgeheim stelle ich mir aber für die Zukunft auch was Besseres als besser-als-nix vor. In guten Momenten sehe ich meine – wenigstens allesamt erfolgreichen – Selbstversuche als Trainingseinheiten. Um dann später, in einem echten Match oder gar in einem Turnier oder, noch viel besser, in einer Saison nach der anderen ganz groß rauszukommen. Als Stürmer-As zum Höhepunkt. Und Torschützenkönigin. In schlechten Momenten sehe ich, dass die Selbstbefriedigung in meinem Fall mittlerweile vor allem etwas Verzweifeltes an sich hat. Tendenz steigend. Manchmal rubble ich mich von einem Orgasmus zum nächsten und lege dafür nicht mal mehr mein Buch zur Seite. »Am liebsten mache ich es vor dem Fernseher. Das ist dann doppeltes Entertainment«, sage ich bockig.

Mein sarkastisch angehauchtes Geständnis löst bei Lene gelinde gesagt blankes Entsetzen aus und ruft prompt die überaus ambitionierte Psychologiestudentin auf den Plan.

»Wie kann man nur beim gefühlvollsten Thema der Welt so, so« – sie sucht nach dem richtigen Wort, merke ich –, »na eben so wenig gefühlvoll sein?«

Ihre Stimme klingt voll psychologisch besorgt, was mir irgendwie jetzt den Wind aus den Trotzsegeln nimmt. Ich zucke resigniert mit den Schultern und beiße lustlos in mein Croissant.

»Also mich macht das traurig«, reibt's mir der Freudsche Sprössling weiter rein. »Du brauchst doch auch jemanden, der dich lieb hat.«

Immer diese Schwangeren mit ihrer übersteigerten Sensibilität. Gleich heult sie noch. Und ich dann wahrscheinlich mit. Mir steht das Wasser seit Tagen eh schon Oberkante

Doppelschicht in den Augen. Erstens weil ich Angst habe, dass Jan während seines Prozesses herausfindet, dass er in Zukunft auf blond, brav und langbeinig steht, und zweitens weil ich noch mehr Angst davor habe, dass hinterher alles so ist wie vorher. Nämlich ziemlich mau unter der Gürtellinie.

Lene scheint meine Gedanken zu erraten. Mitfühlend streichelt sie über meinen Arm. »Nicht so fein alles gerade, oder?«

Ich schüttle den Kopf, dann deute ich auf die sanfte Wölbung unterhalb ihrer Brust: »Ich will das auch wieder haben.«

Nicht, weil ich mich gerne drei Monate übergebe. Ich will das haben, weil die Zeit vor, während und kurz nach Pauls Geburt Jans und meine schönste war. Die beste. Während der Schwangerschaft war ich trotz Wasser in den Beinen läufig wie Nachbars Lumpi – ich sage nur Massageliege im Luxushotel. Bei der Geburt hielten wir uns gegenseitig das feuchte Händchen, und danach kuschelten wir wochenlang abgeschottet von der restlichen Welt mit unserem Jungen und guckten dabei in trauter Harmonie die WM 2006.

»Hach«, seufze ich. So ein bisschen Nestwärme wäre schon mal wieder schön. Lene nickt verständnisvoll und streichelt zum wiederholten Male reflexartig ihren Bauch. Aus Solidarität streichle ich meinen gleich mal mit. Was die Rundung betrifft kann ich nämlich noch ganz gut mithalten.

»Du, morgen Nachmittag ist übrigens wieder eine AUM-Meditation«, kommt es Lene in den Sinn.

Von meiner Begeisterung, die ich noch vor Wochen für dieses Ereignis verspürt habe, ist heute leider nicht mehr viel übrig. Irgendwie habe ich keine Lust mehr auf Experimente. »Gehst du hin?«, frage ich Lene müde.

»Nee, aber du.« Die Unerbittlichkeit in ihrer Stimme ist nicht zu überhören. Weshalb ich sie frage, ob sie mir dann auch ihren Erik für das Hinterher leiht. Weil sonst wäre das ja praktisch Perlen vor die Säue werfen. Lene weiß, dass ich es nicht ernst meine, und ist trotzdem leicht angesäuert.

»Mann, es geht doch nicht darum, dass du nach der AUM irgendeinen Kerl bespringst …«

»Nicht irgendeinen, deinen.« Ich kann so ulkig sein.

Lene ignoriert meinen Humor und erzählt mir weiter, dass es bei der AUM erst einmal um das eigene ICH geht. Quasi eine innere Reinigung, an deren Ende man sich selbst und andere lieben lernt.

»Ich habe mich noch nie so lebendig, schön und aufgeschlossen gefühlt wie nach dieser Meditation. Und zwar so was von aufgeschlossen«, grinst Lene verschmitzt.

Jetzt hat sie mich doch neugierig gemacht.

»Sag bloß, Erik durfte dich endlich mal wieder ans Bett fesseln?«

Früher, in seiner »wilden Zeit«, stand Erik nämlich auf derartige Spielereien. Allerdings nie Hardcore, sondern Bondage light: ohne Lack und nur mit einem Hauch von Leder. Lene schüttelt den Kopf. »Vergiss es. Du weißt genau, was ich davon halte.«

Ja, das weiß ich. Kaum waren die beiden zusammengezogen, landeten seine Bondage-Utensilien nicht mehr im Bett, sondern auf dem Flohmarkt. Was ich durchaus verstehen kann.

»Na, erzähl schon«, sage ich betont gelassen, während meine Fingernägel unter der Tischplatte das gute Antikholz malträtieren.

Lene holt tief Luft. Setzt zum Sprechen an, holt aber wieder nur tief Luft. Dann endlich atmet sie aus, strahlt und sagt so schnell, dass ich's kaum mitkriege: »Ich habe dort mit einer Frau rumgeknutscht und auch gefummelt.«

Ich pruste infolgedessen erst mal einen halben Liter Milchkaffee über ihr rosarotes Bellybutton-Schwangerschaftsshirt mit dem Aufdruck »I love you, future!« Passt eh gerade nicht zu meiner Grundstimmung. Man mag jetzt vielleicht glauben, meine Reaktion wäre völlig überzogen. Aber wer Lene kennt, der weiß, dass sie nicht so einfach kurz mal hinüber ans andere Ufer schwimmt. Nein, Lene ist oder war schon immer neben Jan der vernunft- und kopflastigste Mensch, den ich kenne. Ihr Pfad der Tugend ist eng gesteckt, und sie folgt ihm, seit ich denken kann, mit beharrlicher Konsequenz. Und jetzt rumpelt sie mir nichts dir nichts über einen ihr völlig unbekannten, holprigen Feldweg und züngelt einfach so mit einer fremden Frau. Das gibt's doch eigentlich gar nicht. Abgesehen davon habe ich noch heute ihre wenig verständnisvollen Worte im Ohr, als ich ihr damals von meinem kleinen lesbischen Intermezzo erzählt habe: »Nee, das könnt ich nicht. Ich brauch schon einen richtigen Mann im Bett, und zwar mit allem, was dazugehört.« Dabei hat sie mich damals angesehen, als wäre ich ein Alien.

»Bin mal gespannt, was du hinterher erzählst«, lenkt Lene geschickt von sich ab. Sie glaubt doch tatsächlich, dass ich aufgrund ihrer wahnwitzigen Story jetzt ebenfalls zum AUMer werde – vergiss es, du kleines trächtiges Luder!

Exakt siebenundzwanzig Stunden später stehe ich barfüßig im Meditationsraum des Osho-Zentrums unserer Stadt und lasse erst einmal alles und alle auf mich wirken. Wie hat Lene mir noch mit auf den Weg gegeben:

»Werte nicht, sondern versuche dich darauf einzulassen. Glaub mir, es interessiert dort niemanden, was du machst oder wie du aussiehst – es geht nur darum, wer du wirklich bist.«

Schön, habe ich mir gedacht und mich dennoch schon Stunden vor dem Ereignis damit innerlich auseinandergesetzt, welche meiner fünf Markenjoggers ich wohl gleich aus dem Schrank ziehen werde. Weiß ich doch dank Yoga, wie die moderne Eso-Szene heutzutage nahezu überall tickt: erst der Lifestyle, dann das Om. Und nun stehe ich da wie ein Paradiesvogel, der sich in der Flugbahn geirrt hat. Mannomann, ich hätte nie gedacht, dass man sich in Sportklamotten dermaßen overdressed vorkommen kann. Peinlich ist das. Die anderen Teilnehmer – sieben an der Zahl – halten mich bestimmt schon jetzt für eine total affektierte Kuh mit Hang zu Neonfarben. Hätte ich doch mal auf Lene gehört, ich dumme Gans. Leggings und T-Shirt hätten für diesen Anlass heute vollends genügt. Adieu, hingeschminkter Selbstwert – willkommen, gnadenlose Unsicherheit. Am liebsten würde ich gleich die Biege machen. Aber es gibt dann doch noch eine Macht, die stärker ist als meine volle Hose – mein Instinkt. Und der sagt mir: »Bleib, da geht was!«

Das Erste, was geht, ist die Musik. Klingt nach Neunzigerjahre-Techno untermalt von eindringlichen Belichtungstexten: Feel the light, see the light – und alles, was man halt noch so Beleuchtungsmäßiges anstreben kann. Während ich noch unschlüssig herumstehe und den Texten lausche, fängt um mich herum einer nach dem anderen das Tanzen an. Normalerweise halte ich nichts von Gruppenzwang, aber da ich schon aussehe wie ein Außenseiter, will ich mich nicht noch auch wie einer benehmen. Ich hopse also mit. Und, ei der Daus, es macht Spaß. Vor allem weil es hier völlig irrelevant ist, wie herum man sein Bein schwingt. Es gibt keinen, der sich mit ausgefallenen Performancekünsten in den Mittelpunkt hampelt. Im Gegenteil. Mit oder gegen den Rhythmus der Musik, völlig egal. Hauptsache überhaupt. Das wäre was für Jan. In diesem geschützten Raum könnte er wirklich mal seine Bewegungsphobie überwinden. *Ach Jan*, seufze ich sehnsüchtig und hoffe ein bisschen darauf, dass er jetzt gerade auch an mich denkt. Aber wenn ich ihn fragen würde, käme mit an Sicherheit grenzender Wahrscheinlichkeit die ehrliche, aber nicht gerade schmeichelhafte Antwort: »Du nee, Schatz, leider nicht. War heute einfach viel zu viel zu tun.« Alles schon da gewesen.

Ich lass das also mit dem Schmachten und scanne mal ein wenig meine Mitstreiter. Augenscheinlich alle ziemlich weit entfernt von Status und Sternchen. Und ehrlich gesagt beruhigt mich das. Es gibt hier definitiv niemanden, dem ich gefallen will, geschweige denn, der mir gefällt. Sprich, ich kann auf Maske und Mätzchen gut und gerne verzichten und ganz gelassen mal ausschließlich nur an mich selber denken. Das kann ja mal ein entspannter Abend werden, denke ich, und dann geht's auch schon richtig los.

Raja (definitiv mal so was von kein Inder), der Leiter der Meditation, begrüßt uns und erzählt uns kurz, was Sache ist.

»In der AUM geht es darum, dass ihr euren Gefühlen freien Lauf lasst. Wut, Hass, Mitgefühl, Trauer, Freude, Irrsinn,

Leidenschaft – alles, was in euch steckt: Zeigt es, lebt es, spürt es. Seid ihr selbst!«

Nicht schlecht, der Mann ist der geborene Motivator. Aber was mache ich, wenn meine Gefühle sagen: »Leck mich, wir wollen nicht raus?«

Gute Frage, auf die Raja selbstverständlich die perfekte Lösung parat hat: »Tut so, als ob. Mit ganzer Begeisterung und Energie. Und es wird passieren.« Oder wie der alte Herr Osho zu sagen pflegte: »Schaffe die Wirkung, und die Ursache wird folgen.« Sprich: heule, und du wirst traurig, lache, und du wirst fröhlich, tobe, und du wirst wütend. Gut, kapiert.

Und wie schaltet man die Hemmungen aus, die mich jetzt schon bei der ersten Phase »Return to Hell« heimsuchen? Bei dieser Etappe der dynamischen Meditation steht man einem Partner gegenüber und lässt an ihm allen Frust und alle Wut aus. Man brüllt sich schlichtweg gegenseitig in Grund und Boden. Wäre Jan jetzt da, würde ich sagen: Alles easy, das krieg ich hin. Aber er ist ja nun mal nicht da. Stattdessen steht mir ein kleiner, wollbesockter Mann gegenüber, der mich freundlich anlächelt. Wie zum Teufel soll ich denn da bitte die Furie rauslassen? Der tut mir ja jetzt schon leid.

»Ich hasse dich, du Schlampe!«

Ich ihm wohl eher nicht. Plötzlich sieht der Typ gar nicht mehr so unschuldig aus. Fast wie ein kleiner Bullterrier. Ein Wadenbeißer, ein echt fieser Kläffer. Der jetzt auch gleich mal schön weiterbellt: »Ich hasse, hasse, hasse dich!«

Sag mal, jetzt reicht es aber langsam. Was kann ich dafür, dass er offensichtlich ein Problem mit Frauen hat?!

»Halt endlich dein blödes Mauuul, ich hasse dich auch!«, brülle ich und erschrecke selbst ein wenig über meine Wortwahl.

»Neeeeeeiiiiin! Von dir lass ich mir überhaupt nichts mehr sagen«, tönt es noch lauter zurück, und seine Spucke pfeift mir nur so um die Ohren.

Ich spüre plötzlich einen unglaublichen Zorn in mir aufkommen, und schon tobe auch ich herum wie ein Rumpelstilzchen. »Wichser«, »Schwachmat« und »Versager« sind da erst der Anfang. Aber auch ich muss einiges einstecken: »Frigide Kuh«, »arrogante Hormonschleuder«, »geldgeile Nutte«. Die anheizende Musik im Hintergrund bringt mich noch mehr in Fahrt: »Lass mich in Ruhe, du Klemmi. Hau endlich ab und geh heulen …«

Alle sind in unglaublicher Rage, aber keiner tut einem andern weh. Zumindest nicht körperlich. Und wenn man sich bei einem Mitspieler vollkommen ausgekotzt hat, geht man einfach zum nächsten weiter und bricht dem kreischend die Gülle vor die Füße. »Das perfekte Fegefeuer« – vielleicht ein neues Sendeformat für VOX?

Nach einer Viertelstunde endet die Höllenmusik und damit auch das dreckige Verbalspektakel. Ich bin total heiser und fühle mich einfach nur mächtig prächtig befreit. Als ob ein Pfund ekelerregender sülziger, bösartiger Schnodder aus meinem Körper gepumpt wurde. Der ganze aufgestaute Seelenmüll und der unterdrückte Ärger der letzten Monate scheinen wie weggeblasen. Ein tiefer Friede überkommt mich, den ich in Phase zwei, der Versöhnungsphase, gleich nächstenliebend weitergebe. Jeder verzeiht wieder jedem, immer schön ringsum. »Tut mir echt leid, wenn ich dir wehgetan habe«, sage

ich. Und zu einer anderen: »Das hatte nichts mit dir zu tun.«
Auch ich ernte reihenweise sanfte Blicke und kurze Streicheleinheiten. Dazu wird überall fleißig und ehrlich untröstlich
umarmt.

Wir haben uns wieder alle lieb, und das gestehen wir uns
dann auch prompt gegenseitig in Phase drei. »Ich liebe dich
und dich und dich und dich bissige Wollsocke sowieso.«
Klappt sogar mit dem Tief-in-die-Augen-Sehen. Überhaupt,
seltsamerweise werden die Menschen um mich herum immer
hübscher und sympathischer. Eigentlich kenne ich dieses
Phänomen nur andersrum. Wann immer zwischen Jan und
mir in der Vergangenheit gefühlsmäßig Eiszeit herrschte,
begann ich mich an seiner Optik zu stören. Da sah ich dann
nicht mehr seine schönen blauen Augen, sondern zählte jedes
kleine Nasenhaar, das da verstohlen um die Ecke schielte.
Manchmal noch kommentiert von einem wenig netten »Igitt,
mach das weg!«

Ob Jan auch manchmal eher eine negative Sicht der Dinge auf mich hatte? Besser nicht darüber nachdenken. Habe
momentan ohnehin keine Zeit dazu. Ich muss jetzt nämlich
erst einmal minutenlang mit hochgestreckten Armen auf der
Stelle laufen, um ungeahnte, in mir schlummernde Kräfte
zu motivieren. Raja, »der Gnadenlose«, achtet dabei streng
darauf, dass keiner von uns auch nur eine Millisekunde pau-
siert. »Yeah! Yeah! Yeah!«, feuert er uns an, und ich würde
ihm am liebsten für jedes Yeah eine Ohrfeige verpassen. Verdammt, ist das anstrengend. Wenn da nämlich überhaupt
ungeahnte Kräfte sind, dann schlummern die nicht, sondern
sind im Komplettkoma. Aufwachen ausgeschlossen. Das findet auch mein Verstand: *Komm schon, hör auf. Du kannst doch*

nicht mehr, flüstert der windige Geselle mir immer wieder ein.

»Los, besiegt euren Geist«, hält Raja lautstark dagegen. »In euch steckt mehr, als ihr glaubt.«

Also weiter, auch wenn es noch so sehr in den Schultern schmerzt. Und in den Oberarmen und den Unterarmen und den Händen. O Scheiße, es tut echt verdammt weh! Aber irgendwann kapituliert mein Hirn dann doch und hält die Klappe. Ich rödle mich also bis zum Schluss durch und fühle mich dabei die letzten paar Minuten richtig gut.

»Yeah! Yeah! Yeah!«, brülle ich daher fröhlich und stolz, als meine Arme endlich wieder gemütlich abhängen dürfen, und die anderen brüllen im Chor mit. Nicht zu fassen: Ich fühle mich mit ihnen im Schweiße verbunden. Voller Energie und nahezu völlig kopflos stürze ich mich dann in die nächsten Phasen der AUM. Es geht wirklich Schlag auf Schlag hier:

Beim »Kundalini Rising« schüttle ich meinen Körper durch und lasse ihn von oben bis unten vibrieren, wälze mich bei »Cuckoo's Nest« schnaubend und sabbernd total irre auf dem Boden herum und lasse dabei meiner Verrücktheit freien Lauf, tanze mich frei, lache hysterisch und weine herzerweichend. All das bin ich, und zum ersten Mal in meinem Leben fühlt sich dieses Ich Scheiße noch mal verdammt gut an. Und, wie ich beim »Dance of the Lovers« (Phase 10) zufrieden feststelle, seit langem auch mal wieder sexy und leidenschaftlich.

Alle Blockaden in mir scheinen sich für den Moment in Luft aufgelöst zu haben. Kein Schein mehr – nur noch vollkommenes Sein. Mit geschlossenen Augen – das ist Teil der Übung – lasse ich mich zu sanfter Musik durch den Raum tragen. Berühre und werde berührt. Eine einzige große gedankenlose Fummelarie. Und plötzlich spüre ich zwei Hände, die mehr können, als die Hände davor. Ich spüre Zärtlichkeit, und ich spüre diese absolute, uneingeschränkte Hingabe an mich und an meinen Körper. Dieser Jemand schenkt mir Zuneigung und erwartet nichts. Kein Druck, kein »Du musst mir aber auch ...«

Ich darf einfach nur annehmen, und kaum ist mir das bewusst, fange ich wie von selbst an zu geben. Ich schenke mich ihm oder ihr, und sie oder er schenkt sich mir. Immer näher und immer enger. Wer ist das? Wer um Himmels willen IST DAS??!! Ich muss mich ganz schön zusammenreißen, dass ich nicht gucke. Dann endet die Musik, und ich gucke doch ...

»Oh«, sage ich leicht verwirrt. Denn vor mir steht Wollsocke.

»Hallo«, sagt er und lächelt mich an.

Mann, der hat ja sogar Grübchen, denke ich noch, und schon haut es *fump* mein Herz einmal quer durch meinen Brustkorb. Wie war das noch mal mit dem offenen Chakra? Wahnsinn, dabei ist er eigentlich überhaupt nicht mein Typ und hätte im wahren Leben wohl nicht den Hauch einer Chance bei mir. Ich schäme mich. Vor allem schäme ich mich, weil ich auch in der Vergangenheit so oft und so schnell Männern wegen ihrer Kleidung, ihrer Karre, ihres Jobs oder ihres zu netten Gesichts einen Korb verpasst habe – und zwar auf nicht nette Art. Hiermit ein dickes Sorry an: Christian, Toni, Sven, Markus, Oliver ... Ich war dumm und brauchte den Geschäftsführer.

Nach dreieinhalb Stunden und ein paar Oms zum Abschluss ist meine erste AUM dann schon vorbei. Ich fühle mich wirklich gut: friedlich, befreit, schön und vor allem – mmmmmh, rallig wie eine Wildkatze.

Komm schon, geh nach Hause, wispert mir mein Verstand eindringlich zu. Kurz denke ich darüber nach, dann denke ich an die glückliche Lene. *Yeah. Yeah. Yeah.*

Getrenntes Bettgeflüster

Wollsocke, der im Übrigen jetzt Hugo Boss trägt, und ich landen ohne große Worte in einem Hotel. Wie alle, die nicht nach Hause können. Der Vorteil – es fühlt sich ein bisschen an wie fremde Stadt und fremdes Leben. Passt ja zum fremden Mann, der jetzt für uns wie selbstverständlich eine Liebeshöhle klarmacht.

»Ein Doppelzimmer bitte«, ordert er weltmännisch, und die kluge Dame an der Rezeption wirft einen vielsagenden Blick auf mich und fragt gleich mal nach, ob er bar bezahlen möchte. Will er natürlich. Zuvorkommend lächelnd reicht sie uns den Schlüssel. »Zimmer 280, der Aufzug ist dort drüben. Einen schönen Abend wünsche ich Ihnen.«

Wenn sie jetzt noch zwinkert, gehe ich. Welch Glück – sie zwinkert nicht. Ist halt Profi. Wir steigen also gemeinsam in den Lift und wenig später ohne großes Tamtam gemeinsam in die frisch gestärkten Laken. Das brave En-

198

gelchen in mir hat sich derweil schon längst schmollend in die Ecke verzogen und hält sich verschämt die Augen zu, während der lüsterne Teufel vor Freude Purzelbäume schlägt.

»Entspann dich, jetzt bist erst einmal du dran«, sagt der Boss-Socken-Mann, während ich schon übersprungartig in die Vollen gehen und meinen willigen Schoß auf seine fast kerzengerade Männlichkeit absenken will.

»Wie, ich bin dran?« So viel Selbstlosigkeit auf männlicher Seite kenne ich gar nicht. Aber bevor ich noch lange darüber nachdenken kann, werde ich bestimmt, aber sanft auf den Rücken gedreht, und im nächsten Moment spüre ich schon, was er damit gemeint hat. *Hui, Hui, Huiii!* ist dann auch das Letzte, was ich denke, bevor meine Schaltzentrale sich abschaltet und das Kommando an den unteren Empfangsbereich abgibt. Wie konnte ich nur so ignorant sein und glauben, dass meine Finger das Maß aller Dinge sind? Dieser Mann gebraucht seine Finger noch nicht einmal. Der glatte – o mein Gott, was macht er? – Wahnsinn! Nicht nur er, sondern auch ich. Entspannen ist gar kein Ausdruck. Ich gebe mich komplett dem Genuss hin, der von Sekunde zu Sekunde – o mein Gott o mein Gott o mein Gott ...

Wenn ich noch denken könnte, würde ich jetzt wahrscheinlich an die Szene bei Till Schweigers »Keinohrhasen« denken, wo es darum geht, welche Oral-Methodiker es gibt. Fakt ist: Mein Nach-AUM-Lover ist kein »Wühler«, er ist kein »Pieker«, er ist »Wooooooahhhhhhh ...« Ich komme. Schnell. Und so was von. Im heimischen Laken bin ich normalerweise dabei stumm wie ein Fisch. Hier fiepse ich immerhin schon wie eine Maus – eine große, dicke, gierige

Maus. Der Höhepunkt meines Lebens – jetzt sterben wäre eigentlich gar nicht so schlimm.

Glücklich und überaus befriedigt liege ich Sekunden nach dem grandiosen Finale in seinen Armen, und noch immer macht er keinerlei Anstalten, seinen Larry in Position zu bringen.

»Geht es dir gut?«, fragt er mich stattdessen. Also entweder kommt dieser Typ von einem anderen Stern, oder aber es stimmt etwas nicht mit ihm. Sicherheitshalber taste ich mal nach. Nee, immer noch alles in Ordnung. Und als er sich wenig später in Bewegung setzt, stellt er ausdrucksstark unter Beweis, dass er doch nicht nur geben will. Dabei nimmt er sich alle Zeit der Welt, und wir haben minutenlang schönen, sanften – UNGESCHÜTZTEN Sex. Fuck!!!!

»Oje, oje, oje«, jammere ich nach dem generösen Verkehrschaos und tigere wie ein aufgescheuchtes Huhn durchs Zimmer. Was für ein grober Anfängerfehler, und das mit Mitte dreißig. So was ist mir ja in meiner ganzen Laufzeit als Teenager nicht passiert. Gut, da hatte ich auch noch keinen Sex – aber das ist ja jetzt auch schon egal. Ich bin ein verantwortungsloser Vollpfosten.

Und er ja wohl auch. »Warum hast du denn nicht aufgepasst?«, fahre ich ihn an.

Statt zurückzuschlagen, sieht er mich betreten an und murmelt zerknirscht: »Sorry, ich hätte sogar ein Kondom dabeigehabt, aber irgendwie ging alles dann doch sehr schnell.«

Na ja, schnell ist relativ. Aber es ist, wie es ist: Sein Lüstermann besuchte meine gute Stube und ließ mir nichts, dir nichts seine kostbare Fracht drin los. Ihr Kinderlein kommet – mir ist fast, als höre ich schon meine Gebärmutter frohlocken.

Ich lasse mich auf den Bettrand sinken und versuche runterzukommen. Einatmen. Ausatmen. Einatmen. Ausatmen.

»Na ja, wahrscheinlich bin ich gar nicht in meiner fruchtbaren Phase«, gebe ich mich nach mehreren Atemstößen betont hoffnungsfroh und tippe dabei nervös auf meinem iPhone herum. Wofür hat man denn schließlich eine Fruchtbarkeitskalender-App. »Oh«, sage ich mit Blick auf den Bildschirm, und er sagt: »Oh-oh.« Die Blume ist dick, die Blume ist fett, die Blume sagt: Bingo. Einatmen. Ausatmen. Einatmen. Ausatmen …

Nicht mal eine Stunde später sitze ich mit weit gespreizten Beinen auf dem Stuhl einer Krankenhaus-Gynäkologin, von der ich mir ein Rezept für die Pille danach erhoffe.

»Was ist denn passiert?«, fragt sie mich, weil sie es für ihre Akten fragen muss.

»Kondom geplatzt«, nuschle ich. Weil die Wahrheit mir viel zu peinlich ist und ich außerdem nicht weiß, ob mich die Wahrheit hier weiterbringt. Die Ärztin wendet ihren Blick von meinem Unterleib ab und sieht mich über meinen Bauchnabel hinweg skeptisch an. Nein, sie fixiert mich wie ein Adler seine Beute.

»Sind Sie sicher, dass überhaupt ein Kondom mit im Spiel war?«

Das Blut schießt mir in den Kopf, aber ich bleibe bei meiner Aussage. »Na klar, ich war doch dabei«, witzle ich und keiner lacht.

Stattdessen schüttelt sie ungläubig den Kopf. »Komisch, ich hätte schwören können, Sie haben es ohne gemacht.«

Ich lächle sie irritiert an. »Warum?«

»Weil die Soße immer noch läuft.«

Da bin ich ja mal an eine sensible Frauenarztseele geraten. Immerhin lässt sie mich jetzt in Ruhe und händigt mir das rettende Rezept aus. Bevor ich gehe, hat sie dann noch einen guten Rat für mich parat: »Die Pille danach sollte nur jeweils einmal pro Zyklus angewendet werden. Also besser, Sie verzichten jetzt mal eine Zeit lang auf Sex. Nicht, dass wieder das Kondom platzt.«

Haha, vielen Dank für diesen durchaus ironisch gemeinten Hinweis.

Draußen vor dem Behandlungszimmer renne ich erst mal in eine Horde Schwangere samt Ehemänner, die sich auf Kreißsaalbesichtigungstour befinden. Auch Jan und ich haben vor Pauls Geburt pflichtbewusst einen solchen Trip hinter uns gebracht und waren beide hinterher noch beunruhigter als vorher. Ein Kreißsaal ist nicht immer schön. Faktisch waren wir schwer traumatisiert. Und bei unserem anschließenden Hechelkurs-Wochenende schlief ich prompt nach den ersten Minuten in Jans Armen ein. Wochen später hatte er bei einer meiner ersten Wehen größte Mühe, mir zu zeigen, wie man diese hammerharten Schmerzen wegatmet.

»Schatz, warum passt du auch nie auf?«, fragte Jan mich damals etwas verzweifelt, und die Unschuld vom Lande antwortete vor der nächsten Mörderwehe: »Weil ich doch dich habe.«

Ja, ich habe ihn, diesen Mann, der jede Bedienungsanleitung für mich liest, der bei einer Dreihundert-Euro-Jeans nur mal ganz kurz ganz blass wird und für mich einparkt, ohne auch nur ein Wort über meine Einparkschwäche zu verlieren …

»Vielleicht habe ich ihn ja bald nicht mehr!«, bellt mein wiedererwachter Verstand, und zack werde ich samt meiner romantischen Ode an den Göttergatten von meinem gnadenlos schlechten Gewissen überrollt. Und das Schlimmste: Es denkt überhaupt nicht daran, wieder zu verschwinden. Stattdessen lässt es mich nicht schlafen. Es lässt mich nicht essen (was ja zumindest auch eine positive Seite hat). Es lässt mich überhaupt nichts mehr. Ich habe Jan betrogen. Man kann es drehen und wenden, wie man will. Ich war untreu, und das auch noch mit Spaß dabei. Wäre ich nur einen Hauch so katholisch, wie es in meiner Geburtsurkunde steht, würde ich augenblicklich zur Beichte gehen.

»Meine letzte Beichte war vor fünfundzwanzig Jahren, und ich habe das sechste Gebot gebrochen«, würde ich sagen und dann sicherlich auf hundert »Gegrüßet seist du, Maria« und noch mehr »Vater unser« verdonnert. Aber ich bin nicht mehr so katholisch. Und darum kann jetzt nur noch einer helfen: Dr. Freude.

»Was mach ich denn jetzt nur?«, jammere ich drei Tage vor der Rückkehr meines Mannes die therapeutischen Ohren meines Gegenübers voll. »Ich muss es Jan sagen, oder?«

Der Analytiker schenkt mir ein mildes Lächeln. »Ehrlich, Sie müssen gar nichts.«

Nicht schlecht. Die Antwort gefällt. Allerdings: Ist das wirklich ein ernstgemeinter Rat?

»Muss man nicht innerhalb einer Partnerschaft immer die Wahrheit sagen?«, frage ich daher besser noch einmal nach.

Dr. Freude macht, was er immer gern macht: Er antwortet mit einer Gegenfrage: »Sie meinen, Sie kotzen sich aus und fühlen sich erleichtert, und wie es ihm geht, ist egal, weil Sie ja die Wahrheit gesagt haben?«

Ah, so läuft er, der therapiegebeutelte Hase. Das schlechte Gewissen für meinen Ausrutscher ist meine gerechte Strafe, mit der ich leben muss – und eben nicht Jan.

Was anderes wäre es natürlich, wenn das Ganze in einer Affäre münden würde, dann müsste man irgendwann reden, meint der Doc dann noch, und ich versichere ihm, dass es das garantiert nicht wird. Mr. AUM und ich sind stillschweigend übereingekommen, dass es keine Fortsetzung gibt. Dieser ganze unfreiwillige Zeugungsschock war uns Lehre genug. Nicht einmal Handynummern haben wir ausgetauscht. Er ist heim zu seiner Familie und ich eben auf die Couch.

»Vielleicht hat ihr Seitensprung ja auch was Gutes«, versucht mich Dr. Freude zum Ende der Sitzung aufzubauen. Worauf ich mich prompt erhebe und ihn ebenso zweifelnd wie interessiert ansehe. »Was denn?«

Freude grinst. »Dass Sie sich jetzt endlich mal wieder ein bisschen mehr um Ihren Mann bemühen.«

O ja, das werde ich tun. Ich schwöre.

Zwei Tage später ruft Jan an. Mit dem Selbsterkenntnisprozess à la Hoffman ist er durch und befindet sich gerade noch in der Relaxing-Phase. So hört er sich auch an. Ein bisschen jenseits dieser Welt.

»Huhu, mein Honigtöpfchen«, zwitschert er mir fröhlich durchs Telefon entgegen. Diesen Kosenamen habe ich ungefähr seit drei Jahren nicht mehr gehört. Er wurde mir im Zuge eines gemeinsamen Saunabesuches verliehen, bei dem mir eben dieser wertvolle Blütensirup zwischen die Beine lief. Ursprünglich war er fürs Gesicht gedacht. Na ja, alte Geschichten. Immerhin hört sich mein Mann extrem entspannt an – fast schon unnatürlich fröhlich. Es scheint ihm sehr gut zu gehen. Am Ende vielleicht zu gut?

»Freust du dich schon auf zu Hause?«, frage ich daher gleich mal sicherheitshalber nach.

»Und wie. Ich halt's ohne dich kaum noch aus.«

Das klingt kein bisschen ironisch. Und Jan hat doch tatsächlich »ohne DICH« gesagt. Sorry, Paul, für meine unbändige Freude auf deine Kosten, aber das ist jetzt mal ein echter Quantensprung. Kein Familienblabla, sondern er will einfach nur zu mir. Seiner Frau. Ich merke, wie meine Ängste freiwillig Luft ablassen. Nicht alle Luft, das wär auch zu viel verlangt bei so einem vollen Ballon, aber immerhin. Jan geht es gut, und wie es scheint, hat er Bock auf mich. Das hört sich doch mal nach einem richtigen Neuanfang an. Am besten gleich mal festzurren.

»Jan, sag mal, wie wäre es, wenn wir alles vergessen, was so war, und Ehe 2.0. starten? Auch mit Baby und so?«

Mir ist schon klar, dass ich aufgrund meiner neuen, wenig beziehungskompatiblen Historie hier sehr eigennützig agiere, aber Jan scheint nichts zu bemerken. Im Gegenteil.

»Machen wir«, kommt es, wie aus der Pistole geschossen. »Liebe. Baby. Alles, was du willst, Schatz.«

Okay, er verarscht mich!

»Sag mal, verarschst du mich?«, frag ich ihn.

»Nein, verdammt!«, jubelt er mir fröhlich entgegen und klingt ganz und gar euphorisch. Was mir dann erst recht verdächtig vorkommt.

»Ach ja, und weißt du, was ich mir vorgenommen habe?«,

fragt er und wertet mein zweisekündiges Schweigen dann offenbar als Nein. »Ich will in Zukunft jeden Morgen mindestens zwanzig Minuten früher aufstehen, damit ich Zeit habe, vor dem Duschen zu meditieren.«

Ah ja. Leider komme ich nicht mehr dazu, ihn nach dem Kraut zu fragen, das er sich offensichtlich reinpfeift. Weil er weitermuss – Seelenmassage bei Flavio. Jan auf der Eso-Schiene. Ich glaub das jetzt alles nicht.

Vorläufiger Höhepunkt

Das Ende vom Liebeslied
ist aller Triebe Anfang

Am späten Abend des nächsten Tages steht er dann endlich
wieder vor mir, mein Jan. Er sieht noch so aus wie immer.
Was mich ein bisschen beruhigt. Keine Rastas – bei seinem
minimalistischen Haarwuchs eh undenkbar –, kein roter
Punkt auf der Stirn, einfach er.

»Hallo«, sage ich etwas unsicher.

»Hallo«, antwortet er ebenso wortreich. Dann umarmen
wir uns, weil das mit dem Sprechen irgendwie noch nicht so
gut klappt.

Ich merke: Es tut gut, ihn zu fühlen. Es tut auch gut, ihn
zu riechen. Es tut …

»Ähm, Schatz, so geht das nicht.« Jan schiebt mich plötzlich von sich weg und sieht mich belustigt an.

Bitte, was meint er? Rieche ich schlecht? Oder – hä?

»Was geht nicht?«

»Du umarmst falsch«, erklärt er mir und zeigt mir dann auch gleich, wie man es richtig macht, weil er hat das ja jetzt gelernt. Ich erspare mir einen vernichtenden Kommentar und zeige ihm dafür wenig später im Bett, wie man das mit dem Knutschen richtig macht.

Das ist immerhin schon mal ein Anfang. Und auch wenn die Erregung noch immer auf sich warten lässt (aber man kann ja mal so tun als ob – nicht wahr, Osho?), verspüre ich doch Spaß bei der gemeinsamen Züngelei. Die letzte ist aber auch wirklich lange her.

»Schatz«, presst Jan irgendwann mühsam hervor, während meine Zunge in Endlosschleife seinen Gaumen massiert. »Schatz, ich muss dir was sagen.«

Nee oder, nicht der Satz jetzt. Wenn, dann wäre das doch jetzt wirklich mein Part. Und ich soll ja nicht. Ich will auch nicht. Also bitte, lieber Gott, lass es einfach nur einen schmerzhaften Genitalherpes sein, okay?

»Ich habe eine andere Frau geküsst.«

Na gut, meine Bitte wurde zwar nicht erhört, aber es hätte echt dicker kommen können. Der Fremdkuss lohnt nun wirklich kein Drama und vor allem auch kein Geständnis meinerseits. Ich lächle Jan verständnisvoll an.

»Das ist doch nicht so schlimm, das kann doch jedem mal passieren.« Dabei deute ich auf meine geschwellte Brust und erwarte einen Lacher von der anderen Seite. Der bleibt leider aus. Stattdessen schmeißt Jan sich plötzlich seine Hände in Kleinkindmanier vors Gesicht und spielt »Guck mal, Mama, ich bin weg.« Macht unser Sohn auch immer, wenn er einen Bock geschossen hat. In Jans Fall, wenn mich nicht alles täuscht, war's wohl eher eine Geiß.

»Wir haben uns nicht nur geküsst, wir haben … es auch getan.«

Hat der Himmel also doch noch seine Keule rausgeholt. Wie vom Donner gerührt sitze ich da und starre meinen Mann vollkommen sprachlos an. Halt mal, müsste ich jetzt nicht voll verletzt sein? Zutiefst getroffen, dass er gleich seinen ersten Eso-Trip nutzt, um zu einer anderen ins Bett und ihr zwischen die Beine zu hüpfen? Von wegen »Sex ist mir nicht so wichtig« und so, da hätte ich jetzt doch reichlich Stoff, um eine sagenhafte Szene hinzulegen.

Klappt aber nicht. Weil: Ich bin nicht verletzt, ich bin in der Bredouille. Was mach ich denn jetzt? Dr. Freude, was mach ich denn jetzt?!? Schweigend und schwitzend grüble ich vor mich hin und habe im Grunde Jan schon völlig vergessen. Jetzt geht's um meinen Arsch. Raushängen und draufklopfen lassen oder zusammenzwicken und weiter schweigen? Fair wäre natürlich jetzt die Wahrheit.

»Warum sagst du denn gar nichts?« Scheu und irritiert ob meiner Sprachlosigkeit sieht Jan mich an.

»Was soll ich denn sagen?« Ich alte Zeitschinderin.

»Na ja, wie doof du es findest und wie doof du mich findest und überhaupt«, bettelt er regelrecht.

»War es denn gut?«, frage ich, weil mich das jetzt wirklich interessiert.

Jan nickt zerknirscht. Und nuschelt sich dann irgendwas in den Bart.

»Wie bitte?«, frage ich, weil ich nicht sein Bart bin und kein Wort verstanden habe.

Er nuschelt wieder, aber wenigstens lauter diesmal.

»Was? Drei Mal? Hintereinander?«

Ha, frohlocke ich innerlich. Sein Ehebruchkonto deutet eindeutig ein schwärzeres Plus auf als meines. Aber Moment mal, wie scheiße ist das eigentlich?! Jetzt kommt es mir erst. Das haben wir in unserer ganzen Ehe, in unserer ganzen Beziehung kein einziges Mal hinbekommen. Nicht einmal ein Double Feature war drin. Da hilft jetzt nur noch die Frage aller Fragen:

»Was hat diese Frau, was ich nicht habe? Ist sie schöner, jünger, klüger, dünner?«, stelle ich Jan jetzt doch in bester Betrogene-Ehefrau-Manier zur Rede.

Jan lässt sich Zeit mit seiner Antwort, dann sieht er mich ernst und auch irgendwie resigniert an.

»Schatz, *sie* wollte mich!«

Ich weiß sofort, was er meint. Er, also Wollsocke, wollte mich auch – und zwar ohne Wenn und Aber. Aber das sage ich Jan dann jetzt lieber doch nicht. Hallo, es steht schließlich Triple gegen One Hit Wonder …

»Ich hätte ihm den Schwanz abgeschnitten«, wütet Julie laut und fuchtelt dabei unkontrolliert mit ihrem Fischmesser vor meiner Nase herum. Sonja, Lene und ich blicken uns daraufhin peinlich berührt um. Für meine kurzfristig einberufene, weil höchst dringliche Krisensitzung habe ich mir nämlich das nobelste Restaurant der Stadt ausgesucht. Wenn schon verzweifelt, dann aber mit viel Niveau und einem guten Glas Wein. Denn einen Tag nach Jans Geständnis bin ich wirklich ein bisschen verzweifelt. Zumal mir mein Ehemann auf mein forsches Drängen hin noch ein paar mehr Details über seine sexuellen Eskapaden verraten hat. Zwar hat er in einer Tour nur was von Loslassen und Öffnen und Geschenkannehmen und ähnlichem Eso-Gesülze gefaselt, aber dank meiner eigenen sexuellen Eskapaden mit Hugo Wollsocke konnte ich sein Geschwalle in Klartext übersetzen: Nach Ewigkeiten im zweistelligen Bereich ist ihm endlich mal wieder voll einer abgegangen, und er konnte nicht genug davon kriegen.

»Das Schlimme ist, ich kann ihn sogar verstehen«, winsle ich kleinlaut und treibe Julie damit erst recht in Rage.

»Baby, was muss man da noch groß verstehen? Dein Alter hat eine andere flachgelegt, Punkt«, redet auch sie Klartext und säbelt währenddessen den armen Seeteufel auf ihrem Teller in Grund und Boden.

»Na, wenn man seinen Worten glauben mag, dann hat ja wohl eher sie ihn flachgelegt«, mischt sich nun auch Sonja in das Gespräch ein, offensichtlich schwer beeindruckt von dieser Männer verzehrenden Frau. Lene ist die Einzige, die bemerkt, dass mir nicht nur sprichwörtlich zum Heulen zumute ist.

»Süße, das wird schon alles wieder«, sagt sie.

Das hat sie kaum ausgesprochen, da alphornt mein iPhone. Eine SMS von Jan. »Bitte komm sofort nach Hause!!!!!!«

Oje, kein Schatz, dafür aber viel zu viele Ausrufezeichen. Dabei weiß Jan doch eigentlich, dass ich gegen den übermäßigen Einsatz dieses Satzzeichens total allergisch bin. Ich fühle mich dann nämlich immer gleich so angeschrien. Aber vielleicht bezweckt er ja genau das damit.

»Wenn er dir blöd kommt, blas ihm einfach einen«, rät mir Sonja. »Das beruhigt meinen immer.«

Julie streckt mir wortlos das Fischmesser entgegen, und Lene umarmt mich. »Ihr beide macht das schon – wenn nicht ihr, wer dann?«

Ich nicke und mache mich dann auf den schweren Heimweg. Fühlt sich verdammt an wie der Gang nach Canossa.

Eine Viertelstunde später betrete ich die Wohnung. Alles an mir schlottert. Jan sitzt im Wohnzimmer. Kerzen brennen, eine Flasche Rotwein steht geöffnet da. Daneben zwei Gläser. Das ganze Szenario deutet auf ein romantisches Stelldichein. Nur Jans Gesichtsausdruck deutet eher auf eine Henkersmahlzeit hin. Er kommt dann auch gleich zur Sache.

»Hast du mir irgendetwas zu sagen, Schatz?«

Uuuuuuh, so fingen die Verhöre früher bei meiner Mutter auch immer an. Und im Endeffekt konnte man sich die Lügerei faktisch sparen, denn die Wahrheit hing schon im Raum. Aber leider geht es heute nicht um eine verbockte Mathearbeit oder um eine heimlich geraucht Zigarette. Heute geht es um das, was Jan jetzt in seiner Hand hält – die leere Pillenpackung. Und wir sprechen von der Pille danach. Scheiße.

»Du gehst an meine Sachen?« Erst mal Angriff, dann die Strategie, denke ich, aber der Wind wird mir schnell aus den Segeln genommen.

»Schatz, die Mülltüte ist gerissen.«

Darf man einen Drogeriemarkt deswegen verklagen? Ach je. Jan hat mein dunkles Geheimnisse nicht mal erschnüffelt, sondern sein Fleiß wurde ihm zum Verhängnis. Ich lasse mich zu ihm auf die Couch sinken.

»Ja, ich hatte was mit einem anderen«, gebe ich leise zu. »Aber nur ein Mal.«

Das musste jetzt sein. Immerhin habe ich Glück, und Jan bringt das Gummi-Thema nicht auf den Tisch. Von wegen was das denn zu bedeuten hat, dass ich nicht mal mehr Zeit hatte, auf die Verhütung zu achten, und ob ich es gar nicht abwarten konnte, und was sich da noch so alles an den Haaren herbeiziehen ließe.

Schweigend sitzen wir da und sehen den Kerzen beim Brennen zu. Was soll man dazu auch noch groß sagen?

»O Mann, wir sind echt ganz schön dämlich«, fällt Jan Minuten später als Erstem was ein.

»Aber du noch dreimal dämlicher als ich.«

Sage ich und kann mir doch tatsächlich ein Grinsen nicht verkneifen. Zack, und schon habe ich ein Sofakissen im Gesicht. Aber nicht mit mir. Eins, zwei, drei wird Jan nun von mir bombardiert. Das Problem ist nur: Jan hat längere Arme und ist stärker. Also muss ich die Flucht ergreifen, bewaffnet natürlich, aber aus der Ferne zielt es sich schlechter. Und außerdem ist Jan auch noch schneller. Und hat seit seiner Esoterikkur auch keine Hemmungen mehr, sich einfach über unseren Tisch zu schwingen. Und seine körperliche Überlegenheit schamlos auszunutzen. Aber ich nutze es aus, dass ich gelenkiger bin, kommt davon, wenn man jahrelang auf Yogaverweigerer macht.

Und so rennen wir kreuz und quer durchs Zimmer. Fast schmeißen wir die Rotweinflasche vom Tisch. Und während wir uns gegenseitig mit Kissen bewerfen, werden wir immer alberner, fangen an zu lachen und zu kreischen und uns aus Spaß zu beschimpfen und uns zu entschuldigen, aber natürlich nur, um den anderen in Sicherheit zu wiegen, bevor wir zur nächsten Waffe greifen.

Wir lachen immer lauter. Lachen einfach den ganzen Mist, den ganzen Druck, ja den ganzen Dreck der letzten Monate weg. Ziemlich ungewöhnliche Reaktion auf dieses ganze

Desaster, denke ich kurz, lasse mich dadurch aber nicht beim Lachen stören. Wir sind ja auch ein ungewöhnliches Paar! Plötzlich krieg ich mich gar nicht mehr ein vor Begeisterung über die private Return-to-Hell-Schlacht, die wir hier veranstalten, und als ich gerade überlege, ob ich das laut sagen soll, stürzt sich Jan so heftig auf mich, dass wir auf dem Sofa landen. Diesmal kippt die Weinflasche – und keinen interessiert es.

Ich liege machtlos auf dem Rücken, Jan grinst mich an – und tropft mich an, denn wir schwitzen beide wie Sau –, und auf einmal sehe ich an seinen Augen, dass er mich küssen will. Nein, falsch, ich sehe, dass er noch was ganz anderes will. Und zwar richtig und gleich hier und am besten nie mehr aufhören damit.

Ja genau, kommt mir die Erleuchtung, genau das hab ich gebraucht: Ich will ihn wollen sehen! Und, o ja, wollen hören will ich ihn auch!! Und wollen fühlen erst!!! Vergiss Tantra, vergiss Acro Yoga, vergiss AUM. Zettel einfach eine ordentliche Kissenschlacht an.

Sexdruck adieu.

Wir woll'n doch nur spielen!

In dem Moment nähert sich mir auch schon ein gierig geöffneter Mund. Aber ich drehe mich geschickt weg. Jan stutzt. Gut so. Jetzt grinse ich. Und sage dann:

»Entspann dich. Jetzt bist erst einmal du dran.«

… Zwinker. Zwinker.

Dankesbussi

Es gibt ein paar Menschen, die einen großen Anteil daran haben, dass es dieses Buch gibt. Die mich unterstützt, inspiriert, ertragen und am Laufen gehalten habe. Dicken Knutscher an alle, die mich auf dieser Reise unbewusst oder bewusst mit viel Wärme, Geduld und Liebe begleitet haben:

Alexander für seinen unerschütterlichen Glauben daran, dass es ein Leben und eine Liebe nach der kreativen Krätzigkeit gibt (nix drüber!); Tino für sein Vertrauen und das manchmal zähneknirschende »Go« für die Geschichten; Jogi und der Deutschen Nationalelf, die mir einen Finalsonntag erspart haben, wodurch ich tatsächlich pünktlich fertig wurde; das Espresso Team vom Viktualienmarkt für den täglichen Wake Up Shot; Herrn Dr. Igor H. (»Und wie haben Sie sich gefühlt?«); Sonja, meine österreichische Pedikürperle (»Geh, so schiach san deine Füß doch gar nicht«); Mama und Kurt, für ihr wisst schon was; Marieke, für die steile Titelvorlage und ganz viel erleuchtende Lebensweisheiten; dem Team vom Tantris, dass es sich mit mir über meinen ersten Vorschuss gefreut hat; Stephanie für die Beratung in allen weiblichen und beziehungstechnischen Lebensfragen; Gabriela, die mich vor einem Nervenzusammenbruch bewahrt hat; Scheralde, weil sie einfach Scheralde ist; Yam Yoga und all seinen Yogis für ganz viel Love, Peace and Happiness; Holger, Elke und Jochen vom Hoffman-Institut (It's okay to be okay); Julian, dem verliebtesten Bruder der Welt (weiter so); Vio und Ulli für die Lacher vorab; Elena für den Anstupser zum Buch; Eule fürs Kind-Hüten und Aus-dem-Nähkästchen-Plaudern; family & friends fürs Einfach-nur-da-Sein; Eva fürs liebevolle Auf-die-Schulter-Klopfen und das lecker Kölsch; dem fränkischen Tantrastudio (was es nicht alles gibt!); Papa, dem geborenen Peacemaker; meinen langjährigen, heißgeliebten, schampus- und Fencheltee-erprobten Küchentischphilosophen Claudia und Ju (ohne euch keine Storys); meinen Exfreunden, Fast-Freunden, Kurz-mal-so-Freunden – ehrlich, ihr wart alle gar nicht so übel …

Danke. Danke. Danke. Lothar Strüh (Herr Lothar), meinem Lektor (»Wir schaffen das, Anja. Wir schaffen das!«); Marko Jakob von der Agentur Landwehr und Katharina Schwarz von PageMagnet – zwei Top-Agenten im Namen Ihrer … (na, wir wollen es mal nicht übertreiben) und der gesamten Crew vom Ullstein-Verlag.

Habt euch lieb!

Das starke Geschlecht ganz schwach

Hanna Dietz

MÄNNERKRANKHEITEN

Schmutzblindheit, Mitdenk-
schwäche, Einkaufsdemenz
und weitere unheilbare Leiden
unserer echten Kerle

ISBN 978-3-548-37412-3
www.ullstein-buchverlage.de

Der Mann ist die Krone der Schöpfung. Doch wer
selbst ein Exemplar zu Hause hat, weiß längst: Männer leiden an den seltsamsten Krankheiten. Sie haben
eine angeborene Gemüseintoleranz. Ihre chronische
Haushaltsschwäche erwerben sie durch dauerhaftes
Verwöhntwerden. Und mit ihrer Smartphonitis treiben
sie ihre Partnerinnen in den Wahnsinn. Behandelbar
sind die Männerkrankheiten leider nicht – aber sehr
lustig.

ullstein

US383